Extrait des Mémoires de la Société Académique du Nivernais

RECHERCHES

SUR

LES ÉCOLES & LE COLLÈGE DE NEVERS

PAR

M. Victor GUENEAU

TOME II

NEVERS
IMPRIMERIE DE LA TRIBUNE, AVENUE DE LA GARE, 32

MCMX-XIV

Extrait des Mémoires de la Société Académique du Nivernais

RECHERCHES

SUR

LES ÉCOLES & LE COLLÈGE DE NEVERS

PAR

M. VICTOR GUENEAU

TOME II

NEVERS
IMPRIMERIE DE LA TRIBUNE, AVENUE DE LA GARE, 32

MCMX

RECHERCHES

SUR

LES ÉCOLES ET LE COLLÈGE DE NEVERS

(suite)

CHAPITRE XII

Nouveaux procès avec le Prieur de Saint-Etienne, 1653. Correspondance des Jésuites. Plan des lieux. Eglise et chapelles. Règlement du conflit, 8 janvier 1656; c'est la ville qui payera. Achat du Jeu de Paume Lemercier et d'une maison rue Mirangron.

Nous avons vu, dans le précédent volume, que les difficultés qui s'étaient élevées entre les Jésuites et le prieur de Saint-Etienne se terminèrent, en 1624, par le payement d'une grosse somme dont la ville de Nevers endossa la charge. L'accalmie dura près de vingt-neuf ans. Au mois de mars 1653, probablement pour éviter les dangers de la prescription, le prieur Claude de Maunourry, abbé de Gaillac, l'ami de Michel Bardin d'Origny que les Jésuites auraient bien voulu faire pendre (1), envoya une assignation, de concert avec ses religieux, aux Pères du Collège pour les obliger à « reconnaître à titre de cens les maisons, cours, « jardins et héritages qu'ils possèdent et dont ils jouissent, assis « dans leur censive universelle du Bourg de Saint-Etienne, es « rue de Mirangron, de l'Esguillerie et des Bourgeois, sous les « charges de cens anciennes dues au prieuré et payer les arré- « rages échus... » Vingt ou trente maisons, dit l'assignation, ont « été abattues et démolies « qui étoient pour lors de valeur très « considérable au lieu le plus avantageux de la ville de Nevers, « à l'entrée de la Porte de Paris, d'où perte considérable pour le « prieuré ».

Les religieux de Saint-Etienne affirmaient de plus, dans leurs réclamations que jamais il n'y avait eu de contrat plus nul,

(1) Voir t. 1.

au fond et en la forme que celui du 2 novembre 1624. Le prieur et les religieux d'alors, disaient-ils, ne devaient pas s'adresser aux échevins « qui n'estoient personnes capables de faire les dites reconnaissances puisqu'ils n'estoient pas détenteurs des héritages sujets à la censive », il appartenait aux jésuites d'en faire la reconnaissance et donner homme vivant ou mourant, ou fournir l'indemnité au dire d'estimateurs « à ce cognoissant ». En outre les religieux de Saint-Etienne n'étant qu'usufruitiers ne pouvaient traiter sans le consentement de leur seigneur, l'abbé de Cluny, ce qui n'a pas été fait. De plus, pour la forme, il fallait faire intervenir le procureur général du roi, « seule partie capable de lier contracts esquels il s'agit de l'aliénation du dot d'une église », et, pour les moyens de fond, les religieux n'ont pas reçu par le traité la dixième partie de l'indemnité qui leur était due.

Les jésuites avaient dans le prieur de Saint-Etienne, un adversaire résolu à leur tenir tête. Ils répliquèrent aussitôt que le prieur dom Henry Girard était mort au mois d'août 1631, que le prieur actuel n'avait été maintenu que le 27 juin 1645 « ledit prieuré ayant été vacant ou en litige pendant quatorze années », qu'ils avaient fait deux contrats de reconnaissance, l'un du 13 janvier 1627 et l'autre du 26 mars suivant, le premier d'une maison qui tait partie de leur collège et leur fut donnée par Jacques Hardy, le 21 mai 1624, sous la remise d'un denier, (1) l'autre d'une maison qui fait aussi partie de leur collège et qu'ils ont acquise de Jean Possevin avec une rente foncière de 6 livres et 3 gélines qui la chargeait, pour le prix de 235 livres. Ils ajoutaient que, dans la transaction passée entre les échevins et le prieur Henry Girard, l'un des échevins stipulants était le père du prieur actuel *qui réclame contre ce qui fut signé par son père et qui fut bien fait*. Le lieu où est le collège n'était autrefois que ruines et maintenant il est habité plus qu'il n'était, « les bourgeois « se plaçent volontiers près de l'église des Pères, la plus hantée

(1) D'après un acte passé devant Michelet, notaire au duché, le 21 mai 1624, honorable homme et sage maître Jacques Hardy, avocat au baillage et prairie du Nivernais, pour l'amitié qu'il porte aux R. P. de la Compagnie de Jésus du collège de Nevers, et à cause que Mathieu Hardy, son fils, a fait profession en ladite Compagnie, donne au collège de Nevers, R. P Pierre Foucher, recteur, présent et acceptant, une place et masure de maison, lui appartenant, tenant au jardin du collège, au derrière de la maison du Jeu de Paume, avec le droit de passage pour aller et venir de la dite maison par la rue de Mirangron à travers la maison appartenant de present à.... Voir t. 1, le plan de 1624.

« de la ville, les écoliers et autres personnes les environnent « encore que le collège soit à une extrémité de la ville près la « porte des Ardilliers et que entre leur jardin et les murailles de « la ville il y ait peu de distance, pas de maison entre deux ». Le prieur ne souffre donc aucun dommage et le collège ne lui est pas désavantageux puisque les autres maisons et héritages de sa censive sont plus peuplés, hantés et habités qu'auparavant. Par une suite naturelle les louages sont plus chers, les droits de lods et ventes plus grands et la valeur des maisons plus considérable (1).

Il s'échange alors, à ce sujet, entre les jésuites de Nevers et ceux de Paris, une quantité de lettres parmi lesquelles je relèverai seulement les suivantes :

« 7 septembre 1653, au R. P. N. Brisejon, à Saint-Louis, à « Paris.... si M. Subère, nostre procureur au Grand Conseil, ne « sestait présenté pour l'indemnité que M. Maulnourry, maistre « des requestes et abbé Gaillac, nous demande pour quelques « maisons annexées au collège depuis sa fondation, qui sont de « la censive du prieuré de Saint-Etienne qui appartient audit « sieur, V. R. nous obligera de recommander audit procureur de « se présenter pour nous au premier jour pour empescher quon « nobtienne default contre nous... M. Mocquot, notre avocat, ma « dit 'qu'il estoit nécessaire de se présenter au plustôt si lon ne « la déjà faict... il faudra aussy que M. Subère demande commu- « niquation des pièces de Maulnourry.

« Desfretat. »

« 18 septembre 1653, au R. P. Pierre Leclerc, à Paris, rue « Saint-Anthoine. Pour donner à V. P. la connaissance qu'elle « désire des affaires, deptes et congrégation du collège de Nevers « je lui diray.

« Que nous navons à présent à Paris que laffaire des quelques « maisons acquises au collège du prieuré de Saint-Etienne pour « l'indemnité desquelles M. le prieur Maulnourry, maistre des

---

(1) Le 2 juin 1632 le recteur Jean-Baptiste de Machault, ayant acheté de Marguerite Pouge, veuve de Pierre Brun, vigneron, une maison sise en la rue des Fangeats, dans la censive du prieur de Saint-Etienne, cette maison fut revendue en 1644 par le recteur, Anne Gohier, à Antoine Dessoudé, pionnier à Nevers et à Jeanne Petaut, sa femme. — Le 24 avril 1642, par contrat reçu Guyard, notaire, les jésuites achetèrent d'Antoinete Naqueau, moyennant 1.200 livres, une maison sise en la rue Mirangron, qu'ils affermèrent pour 34 livres

« requestes, *qui nous ait mal affectionné, de simple extration de* « *cette ville.* nous à fait appeler au Grand Conseil. M. Subère est « nostre procureur, on avoit prié le R. P. Brisejon de luy dire « quil se présente pour nostre collège et quil demande la com- « munication des pièces dud. sieur Maulnourry pour empescher « quil nobtient deffaut contre nous et pour scavoir ce quil nous « demande, à quoy nous ne manquerons de respondre. M. le duc « de Mantoue, nostre fondateur, et M[rs] les Eschevins sont obligez « de nous indemniser, nous avons les contracts et obligations. « Nous avions de plus une affaire contre la paroisse de Coulanges, « nous croyons quelle sera à présent jugée selon que M. R. nous « mandoit quelle estoit sur le point destre jugée. Pour ee qui est « de nos deptes V. R. obligeroit grandement le collège si elle « nous pouvoit faire prester 15 ou seize mille livres au denier « vingt deux ou vingt quatre pour rembourser une pareille « somme dont la rente est au denier dix huit... Pour le chef de « nos Congrégations, je luy diray que nous en avons trois : une « de messieurs, la 2e des artisans, la 3e des escholiers.

« Desfretat. »

« 21 septembre 1853, au R. P. Pierre Leclerc. Mon R. P. c'est « pour donner avis à V. R. qu'à la requeste du R. P. le Faure « jay advancé 20 livres 5 sols pour achepter divers petits « ouvrages d'émail quon travaille en cette ville pour luy envoyer « à Lyon. Il a mandé à notre R. recteur que V. R. nous tiendroit « compte de ce qu'on débourseroit pour cet émail. Nous atten- « dons lissue de nostre affaire de Coulanges pour les tailles...., il « faut tascher d'apointer laffaire sil n'y a point esperance morale « gain de cause et d'estre maintenus dans nos droits, c'est le « sentiment de nostre conseil.

« Desfretat. »

Il y eut en faveur du prieur de Saint-Etienne un arrêt que je ne connais pas mais qui fit dresser par les jésuites, un plan des lieux, plan dont je suis heureux de pouvoir donner ici une réduction et dont voici les indications :

A. indique les maisons, cour et jardin de messire Gilbert Rodon achetés le 17 mai 1577 pour 350 livres tournois.

B. la maison cour et jardin Lepied, achetés le 26 janvier 1578 pour 116 écus deux tiers (350 livres).

C. les maisons cour et jardin d'Erard Girault achetés, la 1re par adjudication du 7 décembre 1578 moyennant 66 écus deux tiers (200 livres), la seconde le 1 février 1581 moyennant 63 écus deux tiers (190 livres).

D. les logis, cour, chapelle et autres tenements premiers du collège ancien donné aux Pères Jésuites en 1573 pour lesquels, après plus de 80 ans, il n'y a plus d'indemnité à demander puisqu'elle étoit déjà faite longtemps auparavant.

E. les maisons, cour et jardin de Pierre Guillaume, acquis le 15 décembre 1578 moyennant 400 livres tournois.

F. les maisons Rameau et Billard. Il est dit dans la transaction de dom Henry Girard que les echevins ont droit et cause de Philibert Billard sur un jardin et place de maison où est de présent la cour des classes, la salle des déclamations et trois classes au-dessous de ladite salle. Le contrat doit être aux archives de la ville ; s'il s'est égaré le prix ne peut pas être supérieur à celui des autres, soit 350 livres.

G. l'allée de la rue de Mirangron à la chapelle du collège, ensemble le jardin joignant ladite allée et chapelle. C'était un jardin. Il est dit petit jardin dans la description générale du collège, lettre H.

H. le pressoir et place des Bertiers, sieur de Bizy, achetés le 22 novembre 1578, moyennant 80 écus (240 livres).

I. la place ou souloient etre les degrés de pierre pour monter à la grande salle haute. C'est un espace qui n'est pas considérable. Ces épars G. I. sont petits et l'indemnité ne peut monter à 150 livres.

A cette description les jésuites ajoutèrent les observations suivantes : les religieuses carmélites qui se sont établies à Nevers longtemps après les Pères, occupent un espace de terrain entièrement dans la censive du prieuré de Saint-Etienne et leurs jardins sont plus grands que toute l'étendue du collège et elles ne payent, pour l'indemnité, que 60 livres de rente par an (1). Tout le collège n'est pas dans la censive de M. le prieur comme le justifie le plan que fit dresser feu le prieur dom Henry Girard ; toute l'église n'en est pas « mais dans ladite église le bout ou

(1) Venues en 1619 les carmélites commencèrent à faire bâtir leur monastère le 14 août 1636. Leur église ne fut construite qu'en 1665.

« partie de *l'autel de la chapelle de Notre-Dame, dite vulgairement* « *de Bon Secours, bâtie par Mademoiselle Brisson, autel de la* « *Vierge qui est un des plus glorieux et honorables lieux de sa* « *censive puisque là se font la plupart des vœux de la ville et que* « *souvent on y offre le saint sacrifice pour les nécessités publiques* ».

A quoi donc, s'écrient les jésuites en finissant, se rapporte l'indemnité dont M. le prieur se prétend lesé, qu'il veut faire monter à des sommes exorbitantes pour ne dire chimériques, pour laquelle il demande cassation d'une transaction solennelle faite par M. son père pour les échevins de Nevers « et bailly de Saint-Etienne », et par dom Henry Girard, son prédecesseur au prieuré.

Je regrette de ne pas connaître les réponses de M. de Maulnourry et d'être obligé de suivre, plutôt mal que bien, cette curieuse affaire simplement par la correspondance des R. P. jésuites, correspondance qui se trouve aux archives de la Nièvre.

« 22 février 1654. Mon R. P.... V. R. aura maintenant receu « par la poste les papiers qui doivent servir à laffaire que nous « a suscité labbé de Gayac pour le Prieuré de Saint-Etienne...

« M. MOREAU. »

« 26 juillet 1654. Je sais fort bien que ce n'est pas à nous à « lever l'arrest du Grand Conseil en laffaire contre le prieur de « Saint-Etienne où nous ne sommes que defendeurs, ny par « suite à nous d'advancer les frais des espices, mais le point dont « je voudrois prier V. R. seroit à sa commodité de veoir le Prési- « dent qui a présidé ce jugement et de le prier : 1° de moderer la « taxe des frais de l'abbé de Gayac pourra faire monter bien « haut, comme pour sa demeure de six mois à Paris qui (*sic*) « pour le service de son office que (pour) cette affaire et pour « d'autres choses semblables ; 2° de nous nommer un commis- « saire pour la visite des maisons qui soit de la Pairie puisque « le prieuré de Saint-Estienne est en la garde gardienne du duc, « ou si on le prend dailleurs qu'il ne soit point de Saint-Pierre « où l'abbé de Gayac a tout pouvoir et qui est mal avec nous qui « avons décliné sa compétence en nostre affaire avec le sieur « Dorigny...

« M. MOREAU. »

« 17 décembre 1654..... pour les despens de mons. l'abbé de « Galliac qui montent à 540 livres 3 deniers, je luy en ay escrit « un petit mot à cause que dans la coppie qui nous a esté donnée « de l'exécutoire, la dite somme n'a point esté mise ni spécifiée, « ce qui n'est pas, à mon advis, selon l'ordinaire, et que chacun « est bien aise de nestre point surpris ; elle a esté seulement spé- « cifiée dans la signification faite par le sergent, et nous nous « rapportons de tout à vous pour satisfaire le plus tost que faire « se pourra.

« Ledit sieur abbé de Gaillac part de ce pays, s'il n'est déjà « party pour Paris et pour ne point revenir icy que dans six mois « ainsi que lon ma dit. Il nous a fait faire quelques commande- « ments et déclaré nos biens saisis mais de sa grâce il nen est « point venu à l'execution. Il a dessein de se faire indemniser et « avoir une autre assiette de payement de nouveau pour les mai- « sons qui ont eté acheptées pour le college et unies audit college « par Monsieur de Mantoue, lesquelles maisons etoient dans sa « censive. Les maisons dont il sagit ou la plupart ont esté « acheptées et à nous données par Monsieur de Mantoue, c'est « pourquoy il voudroit charger Mon. de Mantoue comme fonda- « teur, il est vray que pour lindemnité des mesmes maisons « Messieurs de la Ville se sont obligés de passer la transaction « que vous avez par devers vous, laquelle est du 2 novembre « 1624.

« M. de Galliac demande notre consentement et par escript « pour appeler M. de Mantoue et agir contre luy ; sil a chance de « le faire nous ne pouvons len empescher, il le peut faire indé- « pendamment de nous.....

« Forest. »

« 20 décembre 1654..... Pour l'affaire de M. labbé de Gaillac « sil prétend passer oultre pour lindemnité aggrée et acceptée « par son prédécesseur, nous avons retrouvé les contracts des « vendeurs et achapts des maisons, jardins, places et bastiments « lorsque lesd. maisons furent unies au college, par lesquels « contracts il est évident que lindemnité a esté juste et loyale et « plus que suffisante..... M. labbé de Gaillac partit lundy passé « de cette ville. Il sera maintenant arrivé à Paris.....

« Forest. »

« 27 décembre 1654. Cest pour renouveler mes debvoirs de

« respect envers V. R. au commencement de lannée approchante
« que je lui souhaitte heureuse et favorable..... Si Mons. l'abbé
« de Galliac tentoit de passer outre la prétendue lésion d'indem-
« nité, V. R. scaura, comme nous avons desjà escrit, que son
« indemnité est juste et plus que suffisante et que nous avons les
« contrats de l'achapt et vendue des maisons. Nous napportons
« icy rien de nouveau, Mons. l'abbé de Saint-Martin devient fort
« caduc, il a passé résignation à son nepveu, il ne reste plus
« qu'elle soit aggrée en cour, ce que lon espere à la sollicitation
« de l'agent du Résident de Pologne à la prière et demande de la
« royne de Pologne.

« Forest. »

« 22 janvier 1655..... Pour l'affaire de Mons. l'abbé de Gaillac,
« nous avons retrouvé la transaction par vous envoyée, ainsi
« V. R. nous pardonnera des peines qu'on luy a donné à la re-
« cherche. Nous vous envoirons au premier voyage un mémoire
« qui a esté dicté par un de mes amys sur ce sujet. Nous avons
« aussi retrouvé presque tous les contracts de la vendue et achapt
« des maisons pour l'indemnité desquelles mons. l'abbé de Gal-
« liac, prieur de Saint Estienne, pretendoit avoir esté lezé, ils
« sont bien signés et collationnés, nous les avons communiqués
« à ses gens et agents qui en tirent des coppies. Il ne manqueroit
« pas de nous poursuivre jusques au bout s'il voyoit qu'ilz luy
« fussent favorables en quelque chose. nous esperons aussi vous
« les envoyer car il nous fault toujours tenir prests et sur nos
« gardes contre cet homme.

« Nous vous envoyrons aussy d'autres memoires, le plan de la
« maison du college tiré sur sa quarte et tout ce qui pourra ser-
« vir à donner quelque éclaircissement pour notre affaire tou-
« chant l'indemnité des maisons dont il s'agit, je dis dont il s'agit
« car si le sieur abbé de Gaillac avoit à parler encore d'indem-
« nité d'autres maisons acquises longtemps après ces premières,
« comme il le pourroit faire, il fault respondre que nous
« avons aussi l'indemnité des autres maisons postérieure-
« ment acquises comme en effet nous les avons et tous les con-
« tracts.....

« Forest. »

« 24 janvier 1655..... nous sommes ici sur le point ds satisfaire
« bientot comme nous esperons au sieur abbé de Galliac pour son

« exécutoire ; cette affaire nous a grandement incommodée à « cause qu'il s'adresse directement à nous, de sorte que nous « n'entendions sans cesse parler que de menaces d'exécutoires et « que cet homme a toujours de nouvelles prétentions et lorsqu'il « obtient quelque chose il tasche ensuite d'en obtenir davantage... « Mons l'abbé de Gaillac a encore desseing de plaider et de faire « venir en cause Mons. de Mantoue, nostre fondateur, pour mon- « trer que c'est luy qui doit l'indemnité comme fondateur, dit-il, « et luy faire condamner s'il peut. Il fault plaider au fonds et « maintenir la transaction en sa force et vigueur et, s'il est trop « puissant, obtenir des lettres d'évocation à Rouen ou à Rennes « si vous le jugez à propos. On a ordonné une descente sur les « lieux et estimation par prudhommes et cependant on condamne « au tiers les dépens, c'est contre l'ordinaire et une surprise du « dit sieur abbé.....

« Forest. »

« 28 janvier 1655..... Pour l'affaire de Mons. de Gaillac elle « nous a esté plus facheuse et nous a plus tourmenté que toutes « les autres de la maison attendu que nous estions sans cesse et « tous les jours menacés d'exécutions. Il a été satisfait pour son « exécutoire et nous aussy. Ledit executoire endossé de quit- « tances tant à notre descharge que celle de messieurs de la ville, « lesquels comme ils ne sont point obligés en leur propre et privé « nom et que la Chambre de ville de Nevers n'a point ou fort peu « de revenus, tout le mal et inquiétude de cette affaire tombe et « affaisse nostre maison, et nous incommode jusques à l'ex- « trémité.

« Nous prions V. R. de vous comporter en cet affaire vigou- « reusement et d'en arreter le cours si vous jugés qu'elle soit « bonne et juste pour nous et qu'il a l'indemnité entière et plus « qu'il ne lui fault. Je scay bien à peu près comme les affaires se « sont passées, si messieurs les Eschevins se fussent bien joints « à nous, et que lon eut bien plaidé au fond, jamais M. l'abbé « de Galliac nenst obtenu des dépens..... V. R. juge si ce ne « sera point une affaire à evoquer à un parlement de Normandie « ou de Bretagne veu que ledit sieur abbé de Gaillac a séance au « Grand Conseil à cause de sa qualité de Maistre des requestes. « V. R. m'obligera de nous mander combien nous pouvons exiger « de dépens de Messieurs de la Ville pour nos despens envers

« eux en cet affaire. Le sieur abbé de Galliac ne prétendoit pas « moins priser les vieilles masures de maisons qu'a le college et « qui estoient de sa censive que cinquante et soixante mille livres, « c'est ainsi qu'il en a parlé icy à son dernier voyage en présence « du Père Recteur et de moy et des quatre arbitres que lon avoit « pris de part et d'autre, deux de chaque coté, poura voir le quart « de la somme. Dieu a permis que nous ayons retrouvé nos con- « tracts de quoy ne s'attendoit ledit sieur abbé de Galliac, je « vous envoie lesdits contracts, M. l'abbé de Gaillac les a desjà à « Paris, mais non pas les mémoires particuliers, responses et « deffenses pour les maisons et espars dont il ni a point de con- « tracts comme de l'ancien college qui estoit déja en mainmorte « il y a peut etre deux ou trois cents ans..... Mons. l'abbé de « Galliac voudroit faire tomber cette indemnité sur Mons. de « Mantoue pour augmenter le revenu de son indemnité et avoir « de bonnes et grasses assignations, mais je doute fort s'il en « pourra venir à bout, il demandoit le consentement de nos « pères de cette maison par escrit, qu'il plaide ainsi qu'il voudra « nous ne croyons point être obligés de rien faire contre notre « fondateur. Je prie V. R. de lire le dedans des mémoires qui « sont marqués des lettres D. F. G. I. de l'écriture du plan ou « figure du college de Nevers, tiré et copié de la carte de M. le « Prieur de Saint Estienne et de nous mander son sentiment... (1)

« FOREST. »

Les lettres des 4, 7 et 11 février ne font que répéter ce qui est dit dans la précédente. De celle du 15, j'extrais ce qui suit :

« Le dit sieur abbé plaide et demande pour *ses religieux qui « sont en nombre, comme les députés de Vaugirard, un*; je ne crois « pas que lon trouve à redire aux contracts ; il y en a deux signés « par le grand père dudit sieur abbé lorsqu'il etoit greffier du « prieuré de Saint Estienne..... Il a entrepris toute cette affaire « lorsque M. son père etoit premier eschevin de la ville comme « il lest encore quoique lon tienne qu'il n'approuve guère les « sentiments et procédures de M. labbé. Nous ne savons pas en- « cores au vray s'il poursuivra ce procès, vous le saurez je crois « plus tot que nous, il faut toujours estre prest et sur ses gardes

(1) Voir le plan

« car son plaisir et divertissement est d'estre dans les procès et « de surprendre ceux contre qui il agit...., Il y a à Paris deux des « principaux officiers de Mons. de Mantoue pour ses affaires, qui « tous deux dordinaire résident en cette ville, l'un est Mons. Co- « chet, lautre est Monsieur Bergeron qui est advocat général de « Mons. de Mantoue dans le duché de Nivernois et son Recepveur « général, je crois qu'il ira voir V. R., il esi homme fort sage et « prudent et *bon amy de notre compagnie*, elle pourra traiter fa- « milièrement et secrètement avec luy, luy faire part des lumières « quelle a, de la transaction, du mémoire et des contracts..... si « Mons. Cochet, officier de M. de Mantoue, va voir V. R. je prie « V. R. de *lui faire civilité*.

« FOREST. »

« 2 avril 1655. Je prie V. R. à son loisir de veoir dans l'arrest « du Grand Conseil que M. de Gaillac obtint lan passé contre « nous et que je vous ai envoyé, s'il n'est pas dit que dans lespace « de trois mois il pourroit faire venir un commissaire pour sa- « voir, supposé que temps soit passé et expiré, s'il ne lui faudroit « pas une nouvelle requeste ou commission pour faire venir ce « commissaire, affin que nous ne soyons surpris..... Je croy que « dans douze ou quinze jours V. R. nous fera savoir celuy de nos « Pères qui sera nommé pour Rome.....

« FOREST. »

« 15 avril 1655..... M. l'abbé de Gaillac ne nous quitte pas ni « ses prétentions sur le vieil college. Il faut se résoudre à estre « bien battu ou à se bien courageusement deffendre et larrester « en ses poursuites, le dernier est bien meilleur puisque lon nous « dit par delà que notre droit est bon et bien fondé.....

« FOREST. »

« 2 décembre 1655 (?). Ce bon abbé de Gaillac et prieur de « Saint Etienne nous va presser. On a choisy les prudhommes « de part et d'autre pour une nouvelle estimation, il a choisi « pour un des siens Monsieur Dorigny (1) contre lequel nous « avons eu cy devant procès au Grand Conseil et ensuite à Mou-

(1) Bardin d'Origny.

« lins par devant M. le lieutenant criminel. Il y en a deux de « part et d'autre. Le jour auroit esté doné pour s'assembler au « samedi 14e jour de novembre. Les notres s'y trouverent, les « siens ne s'y trouverent pas. Mardi prochain veille de saint « François Xavier on doit s'assembler pour cette affaire (1). »

A la suite d'un contrat d'entente, passé le 8 janvier 1656, devant Camuset, notaire, entre messire Claude *Maulnorry* (sic), abbé de Gaillac, prieur de Saint-Etienne, conseiller du roi et maître des requêtes ordinaire de son hôtel, d'une part, et R. P. Nicolas Lambert, recteur, et Denis Thierry, procureur du collège, d'autre part, les Jésuites obtinrent, le même jour, des échevins que la ville de Nevers payerait, « sur la ferme du péage par eau », au prieur de Saint-Etienne, à la décharge du collège, une rente annuelle de 75 livres 6 sols 8 deniers pour indemnité des maisons et héritages faisant actuellement partie du collège et qui étaient dans la censive du prieur de Saint-Etienne. La ville payait donc encore une fois les pots cassés. Les Jésuites ne furent pas complètement satisfaits, car le lendemain, la nuit ayant porté conseil, ils présentèrent un compte d'apothicaire à la ville, compte dont j'ai parlé au chapitre X § 7.

Tout en n'admettant pas la réclamation faite pour le sel, ne voulant contribuer que pour 200 livres aux dépens de l'affaire concernant le prieur de Saint-Etienne, et faisant des réserves pour le surplus, la ville, ou plutôt les représentants de la ville, n'eurent pas le courage de résister aux demandes des Jésuites.

Plus tard, les Jésuites acquirent, par décret au bailliage et pairie de Nivernais, le 5 novembre 1677, sur l'hérédité vacante de Thomas Lemercier, une place où fut autrefois un jeu de paume, cour à côté et un corps de logis par derrière, assis à Nevers en la rue des Bourgeois, paroisse et censive universelle de Saint-Etienne, tenant d'orient aux maison et jardin du seigneur de Charnizay qui furent à M. Aré Brisson, du midi à la rue des Bourgeois, d'occident à la maison du collège, du septentrion au jardin du collège, sous la charge de 18 deniers de cens et cent sols pour indemnité au prieuré (2).

---

(1) Il me semble que la fête de saint François-Xavier tombe le 3 décembre.

(2) Voir tome I le plan de 1624. — Le jeu de paume était dénommé vulgairement *Tripot Lemercier*. Le 9 novembre 1686, les Jésuites donnèrent à Armand-François de Menou, marquis de Charnizay, seigneur de Nanvignes, la permission de faire des jours dans le mur de

Le 13 mai 1679, les R. P. Jacques le Picard, recteur, et Jacques Emery, procureur, reconnurent porter à titre de cens d'illustrissime et révérendissime messire Michel de Cassagnet de Tilladet, conseiller du roi en ses conseils, évêque de Mâcon, seigneur et prieur de Saint-Etienne, vénérable et discrète personne messire Pierre Maulguin, chanoine de la cathédrale de Nevers, son procureur général, agissant pour lui, ladite place, mais ils oublièrent, eux et leurs successeurs, de payer la redevance, si bien que, en 1710, les religieux de Saint-Etienne réclamèrent trente-quatre années d'arrérages.

Les archives de la Nièvre contiennent sur cette affaire une trentaine de pièces de procédure enchevêtrées les unes dans les autres, desquelles il semble ressortir qu'il n'était dû que trente années.

Cette place du jeu de paume s'ajouta à l'enclos du collège qui s'augmenta, le 18 avril 1679, d'une petite maison, sise rue Mirangron, attenant au jardin du collège, et dépendant de la censive du prieur de Saint-Etienne.

Ce prieur, qui etait encore l'évêque de Mâcon, reçut, le 16 octobre 1684, 25 livres pour les profits de cette acquisition. A cette époque, la maison n'existait plus et son emplacement était joint au jardin.

CHAPITRE XIII

Jean Casimir, roi de Pologne, et Françoise-Claudine Mignot, maréchale de l'Hopital. Le roi vient à Nevers, il teste le 12 décembre 1672 et meurt le 14. Son corps est apporté dans l'église des Jésuites le 18. Il y reste trois ans. Mémoire de ce qui est dû aux Jésuites. Détail des dettes du roi. Enlèvement du corps le 18 août 1675 par Albert Opaski, grand chambellan de Varsovie, qui promet de faire désintéresser les Jésuites, lesquels lui remettent une lettre pour l'évêque de Cracovie. Lettre de cet évêque à la Princesse Palatine, héritière du roi. Les Jésuites s'adressent à la justice qui, le 17 février 1677, leur accorde mille livres. L'évêque de Cracovie envoie ses excuses en latin avec une lettre de change.

Il est rare de rencontrer des hommes de la trempe des jésuites de Nevers. Toujours en éveil, se mêlant de tout et à tout, se jouant

---

l'hôtel de Charnizay qui est sur le jardin dudit parc. Armand de Menou était fils de François de Menou et de Marie Brisson, laquelle était fille d'Aré Brisson, médecin de Louis XIII, et de Jeanne Desprez.

des difficultés par les amis qu'ils ont su se créer dans toutes les plus hautes administrations, ils prêchent, plaident, fondent des congrégations et, malgré quelques insuccès, sont presque toujours triomphants (1). Mais avant d'aller plus loin et d'examiner ce qu'ils firent dans leur enseignement, parlons d'un fait qui me semble intéressant pour notre pays. Charles, fils de Charles Ier, duc de Nevers, ayant épousé, en 1627, Marie de Gonzague de Mantoue, devint ainsi duc de Mantoue et de Montferrat, en droit sinon en fait puisque s'est son père qui revendiqua ces duchés, agit et fit la guerre pour en obtenir l'investiture de l'empereur. Ce Charles mourut le 24 décembre 1631 laissant un fils, également nommé Charles, contre lequel ses tantes, Marie, femme de Vladislas VII, roi de Pologne, puis de Jean Casimir, frère de Vladislas, et Anne, femme d'Edouard de Bavière, prince palatin du Rhin, et amie du grand Condé, travaillèrent de leur mieux. Peu après le décès de leur père, en effet, Marie et Anne prirent posession du duché de Nivernais au détriment de leur neveu qui ne put faire reconnaître ses droits, par le Conseil d'Etat, qu'en 1645 et à la condition de payer plus d'un million à chacune de ses tantes. Notre malheureux nouveau duc, disons-le en passant, presque sans le sou, fut poursuivi en 1649 sans ménagements, par les banquiers et les communautés religieuses de Nevers, parmi lesquelles se trouvèrent tout naturellement les jésuites du collège, pour intérêts et arrérages de rentes non payés. Mais ce point est en dehors de ce dont je m'occupe dans ce moment.

Avant de devenir roi de Pologne, Jean Casimir, le second époux de Marie, avait été général puis jésuite. Il obtint même le chapeau de cardinal mais il le refusa. Aussitôt après la mort de son frère Vladislas Sigismond, arrivée dans les premiers mois de l'an 1648, il se fit relever de ses vœux, courut en Pologne où il était réclamé et fut élu roi le 4 novembre. Cinq mois plus tard il épousa sa belle-sœur et l'aima passionnément tout en ayant trois maîtresses. Devenu veuf au commencement de l'année 1667, il remet sa couronne entre les mains de la Sainte Vierge et vit à l'écart pendant un an. Le 7 juillet, il sent le besoin d'aller en France voir les riches abbayes que Louis XIV lui avait conférées pour certaines raisons politiques dont je n'ai pas à m'occuper. Il

(1) De 1679 à 1682, on trouve 32 pièces de procédure pour les Jésuites contre Jean Caillot, curé de Saint-Saulge.

PLAN DU COLLÈGE

qui n'a pas été tout à fait exécuté

1653

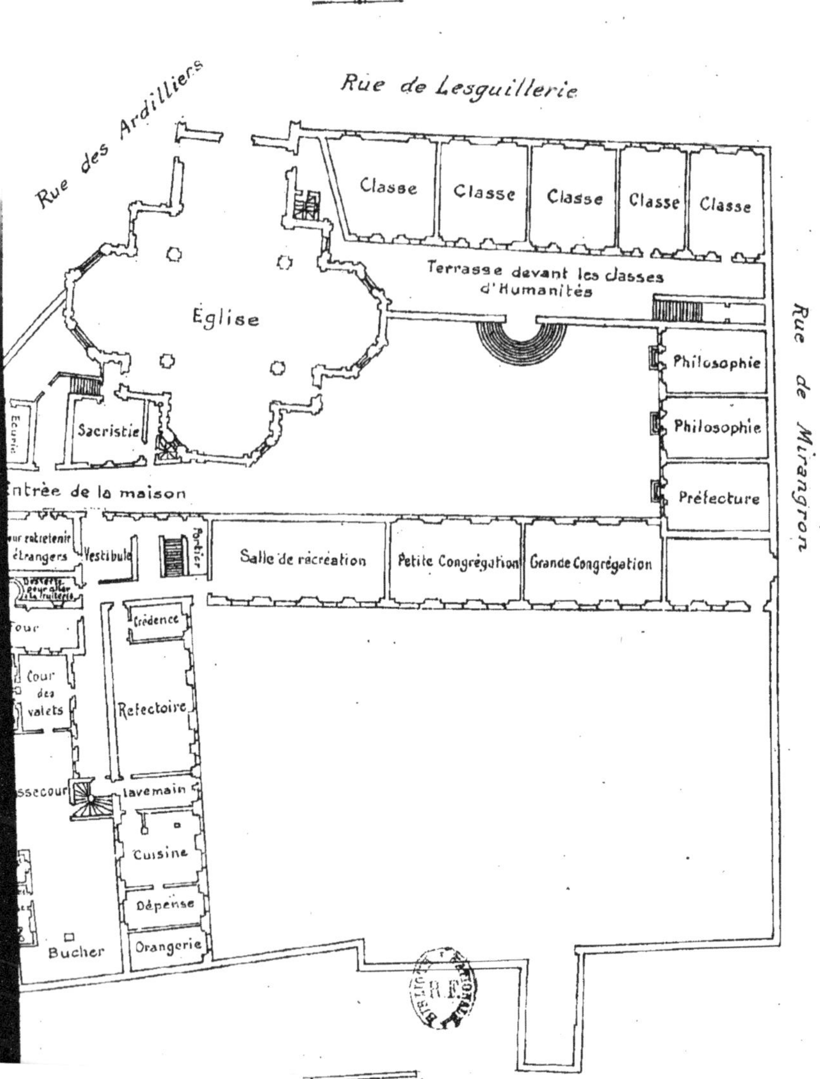

s'arrête à Chantilly chez le prince de Condé et le duc d'Enghien dont la femme était sa nièce (1) En 1670, pendant l'hiver, il rencontra dans le monde la maréchale de l'Hospital. Elle lui plut; elle avait 54 ans et lui 61. Des rapports d'amitié s'établirent entre eux. Le 10 août 1672 il part pour les eaux de Sainte-Reine (Alise). De là il se rend à Bourbon-Lancy. Son état de santé ne lui permit probablement pas d'y séjourner car, dans le courant de septembre, il se trouve à Nevers « en l'hostel abbatial de Saint-Martin ».

Quels étaient ses rapports véritables avec cette très curieuse personne qu'était la maréchale de l'Hospital? Je crois bien qu'on ne le saura jamais au vrai. Françoise-Claudine Mignot, surnommée la *Belle Lhauda* (2) était née vers 1617 de parents pauvres, sa mère était lingère, dit-on. Courtisée fort jeune par Besson, valet de chambre de M. d'Amblérieux, Trésorier du Dauphiné, qui devait l'épouser, un accident survenu à la future épouse éloigna le fiancé. M. d'Amblérieux, ayant vu la belle, fut moins susceptible que son valet et l'épousa en 1633. Vingt ans plus tard il mourait lui laissant toute sa fortune évaluée à deux cent mille écus ou six cent mille livres. La donation fut attaquée par les frères du défunt. Madame d'Amblérieux se rendit alors à Paris pour solliciter du Parlement un arrêt d'évocation. En bons termes avec les gens d'église, elle avait une lettre du Père Louvet, supérieur des Jacobins, qui s'employa pour elle avec ardeur et crut que le meilleur moyen de l'aider était de la marier avec l'intendant du maréchal de l'Hospital. Cet intendant fit naturellement connaître l'affaire à son maître qui voulut voir la dame. Il avait 75 ans, elle lui plut et l'épousa le 25 août 1653.

A la mort du maréchal, 20 avril 1660, Claudine ne cessa de recevoir chez elle des gens haut placés. Elle joignait un bon cœur à beaucoup d'esprit et avait les plus belles pierreries du monde. Jean Casimir la connut en 1670 et comme les autres fut séduit. (3) L'histoire secrète laisse supposer qu'il l'épousa — secrètement à Nevers — parce qu'en testant il aurait reconnu lui devoir 300 pistoles d'or, somme insignifiante pour un roi (4). La preuve de ce

(1) Fille d'Anne de Gonzague.

(2) En Morvand on dit couramment Iaude pour Claude, en Dauphiné on dit probablement Laude ou Lhaude.

(3) Voir *Intermédiaire des chercheurs et des curieux*, 20 mai et 10 juin 1904.

(4) Dans ce temps la pistole valait 11 livres. Or le compte dont nous allons parler plus loin relate que le roi devait à Madame la Maréchale 3.300 livres ; la livre valant 9 francs de notre monnaie, la dette du roi s'élevait donc simplement à 29.700 francs.

mariage est encore à faire, aussi bien que la preuve de la venue à Nevers de la maréchale. Quoi qu'il en soit Jean Casimir testa le 12 décembre 1672 et son testament, que j'ai pu me procurer, trouve sa place ici. Le voilà :

« Aujourd'huy, datte des présentes, Nous nottaires royaux « résidents en la ville de Nevers soussignés, ayant esté mandé « par très haut, très puissant et serenissime Prince Jean Casimir, « Roy de Pologne et de Suède, Grand duc de Lithuanie, nous « nous sommes transportés en l'hostel abbatial de Saint Martin « dudit Nevers où il est logé de présent dans une chambre qui a « son aspect sur la cour d'iceluy où nous l'avons trouvé en son « lict malade, sain d'esprit et d'entendement ainsy qu'il nous est « apparu, lequel nous a dit estre en volonté de faire son testament « et ordonnance de dernière volonté ce qu'il a fait de son bon gré « sans induction, suggestion ny contrainte en la forme et manière « qui ensuit. Premièrement a recommandé son âme à Dieu, à la « glorieuse Vierge Marie et tous les Saints et Saintes du Paradis « qu'il prie interceder pour luy envers Dieu. *Veut et entend qu'après « son décès arrivant audit Nevers son corps soit inhumé en l'église « des Jésuites dudit Nevers,* laissant néanmoins la liberté à l'exé- « cutrice de son présent testament cy après nommée, au lieu où « elle le désirera faire faire, se rapportant aussy à Elle pour ses « funérailles, déclarant ledit seigneur Roy qu'il a institué et « institue par ces présentes, pour l'amour et singulière affection « qu'il porte à très haute et très puissante Princesse Madame « Anne de Gonzague et de Clèves, Princesse Palatine, et pour « plusieurs autres considérations, la seule et universelle héritière « des biens qui lui appartiennent situés dans les lieux où institu- « tion testamentaire d'héritier a lieu et pour les biens qui lui « appartiennent situés dans les lieux où ladite institution d'héri- « tier testamentaire n'a point lieu, la déclare sa seule et universelle « légataire de tous et uns chacuns ses biens meubles et immeubles « situés tant dans ce royaume de France qu'au Royaume de « Pologne qui consistent en la terre de Zinviecz, son Palais des « Jardins de Varsovie, ses tapisseries qui sont en dépôst entre les « mains du sieur Gratta, bourgeois de Danzic, mesme les rema- « nences des seels qui luy appartiennent en Pologne, et toutes les « autres prétentions qu'il a tant sur ledit Royaume de Pologne « que sur la Lithuanie et le Roy régnant et généralement tout ce « qui peut luy appartenir audit Royaume, de plus donne et lègue

« aussy à ladite dame Princesse tous ses biens estants dans le « Royaume de Naples avec les arrérages eschus jusqua ce jour-« dhuy, mesme ceux qui ont esté retenus pendant la guerre par « sa Majesté Catholique lesquels biens lui appartiennent comme « héritier de la feue Reyne de Pologne Bonne Sforzes, femme de « Sigismond premier, comme aussy les droits qui luy peuvent « appartenir pour vente des vaisseaux faite par le Roy Sigismond « troisième, d'heureuse mémoire, son Père, au Roy d'Espagne. « Plus ses prétentions sur les princes de Brunzevick et générale-« ment tous les biens, droits, actions qui luy peuvent appartenir « en quelque lieu qu'ils soient situés et de quelque nature qu'ils « soient. Ladite institution d'héritière et légataire universelle « faite à la charge et aux conditions suivantes : Premièrement « *ledit Seigneur Roy testateur se remet à la piété et dévotion de* « *ladite dame Princesse du soin de sa dite sépulture et funérailles,* « désirant aussy que du prix provenant de la vente de ses meubles « qui sont en France et de ce qui luy pourait estre deub de ses « pensions et bénéfices soit pris préalablement à toutes choses « les gages qui se trouveront estre deubs à ses officiers tant du « passé que jusqua la fin de l'année présente selon les liquidations « faites cy-devant à Paris par son Conseil ou à faire, et, outre ce, « le prix d'une année de leurs dits gages après les dettes payées, « et particulièrement aux étrangers pour les frais de retour en « leur pays. Plus veut et entend ledit Seigneur Roy testateur que « la somme de deux cent mille livres tournois soit employée pour « récompenser tous ses officiers et un chacun à proportion du « temps qu'ils auront esté à son service et suivant la qualité « d'iceux, de laquelle somme ladite dame Princesse légataire et « universelle héritière disposera et la distribuera entre ses dits « officiers selon qu'elle le jugera à propos. Comme aussy sera « tenu ladite dame Princesse héritière et légataire universelle de « payer toutes et chacunes les dettes tant celles contractées par « ledit Seigneur Roy testateur en France depuis son arrivée que « celles qui se trouveront estre deües en Pologne. Donne et lègue « *aux Pères Jésuites de Rome la somme de cent mille livres tournois,* « *monnoye de France,* qui seront payables et prises sur les pre-« miers deniers qui proviendront de la vente faite, comme cy-« dessus est dit, des vaisseaux par le feu Roy Sigismond troisième, « son Père d'heureuse mémoire, à sa Majesté catholique *et ce* « *pour une fondation de Saint-Ignace.* Plus veut et entend ledit « sieur Roy testateur que les vœux qu'il a faits qui sont spécifiés

« dans un escrit de sa main soient exécutés en tous leurs point
« circonstances et dépendances, lequel escrit est entre les main
« de son Père confesseur. Plus et lègue à une petite fille nommé
« Marie Catherine qui est sous la conduite du sieur Galois, so
« apothicaire, la somme de quinze mille livres tournois pour
« mettre religieuse en l'Ordre de la Visitation. Plus *donne et lèg*
« *aux pauvres de l'hospital général dudit Nevers la somme de m*
« *livres tournois,* révoquant ledit seigneur Roy testateur to
« autres testaments, dispositions et codiciles qu'il peut avo
« cy devant faits, voulant que le présent soit exécuté en tous s
« points et articles, prétendant par ledit présent testament fai
« une chose qui sera fort agréable à Messieurs les Princes
« Condé et d'Anguin et à Madame la Duchesse d'Anguin po
« lesquels il a toujours eu une parfaite estime et solide amitié,
« pour exécutrice de son dit présent testament il a nommé
« personne de ladite dame Princesse Palatine son héritière
« légataire universelle cydessus nommée laquelle il prie en voulo
« prendre la charge avec pouvoir de substituer tel que bon l
« semblera ayant entière confiance qu'elle satisfera ponctuell
« ment à ses volontés, priant aussy ledit seigneur Roy testate
« le Roy très chrétien de vouloir donner sa protection et tenir
« main à l'exécution du présent testament et mesme donner l
« ordres nécessaires pour le payement de ce qui luy est et
« trouvera deub de sès pensions jusqu'au jour de son décès, de
« tinant particulièrement ces sommes comme les plus assuré
« pour le payement de ses dettes contractées en France, ce qu
« espère de son amitié et de sa générosité de laquelle il confes
« avoir rèçu beaucoup de marque, comme aussy ledit seigne
« Roy testateur a prié et recommandé les intérests qu'il peut av
« en Pologne à Monsieur Prasmoski, archevêque de Gnes
« primat dudit Royaume de Pologne, Trzebicki, evesque
« Cracovie et à Monsieur Morstin, grand trésorier de Polog
« afin que par leur crédit et assistance ladite dame Princes
« Palatine puisse plus facilement jouir des effets qui luy appa
« tiendront et avec plus de commodité donner satisfaction a
« créanciers légitimes qui se présenteront, ayant toujours e
« persuadé de l'amitié que ces messieurs conservent pour l
« *Déclarant aussy ledit Seigneur testateur qu'il doit à Madame*
« *Mareschalle de Lhospital trois cents pistoles d'or desquelles e*
« *n'a aucune sécurité par écrit.* Lequel présent testament a e
« rédigé par escrit par l'un des notaires royaux soussignés, l'au

« présent, ainsy que ledit Seigneur Roy testateur a dicté, et à luy « leu et releu a dit estre sa volonté dernière qu'il veut estre suivie « par la meilleure forme que les lois et coutumes le désirent dont « il a requis acte à nous notaires royaux susdits et soussignés « que luy avons octroyé audit Nevers après midy, environ l'heure « de huit, audit hostel abbatial le douzième jour de décembre « mil six cents soixante douze et a ledit Seigneur Roy testateur « signé avec nous notaires susdits.

« JEAN CASIMIR ROY, REGNAULT, BOURGOING (1).

« Et le treizième dudit mois de décembre audit an mil six « cents soixante douze, à Nevers, après midy, nous notaires « royaux susdits et soussignés, au mandement dudit Seigneur Roy « testateur nous nous sommes transportés pardevers luy estant « audit hostel abbatial Saint Martin dudit Nevers et en la mesme « chambre où nous le trouvasmes le jour d'hier, estant gizant au « lit malade, sain d'esprit, il nous a commandé de luy faire lec- « ture de son testament cy dessus écrit, ce qu'ayant esté fait par « l'un de nous en la présence de l'autre et intelligiblement, a « déclaré d'abondant qu'il veut et entend qu'il sorte son plein et « entier effet et outre y ajoutant a donné et legué, par forme de « codicile, à Monsieur le Comte de Vazenault, fils naturel du Roy « Vladislas quatrième, son frère, la somme de trente mille livres « tournois à prendre icelle sur les prétentions des vaisseaux « mentionnés au susdit testament et ce pour l'amitié qu'il luy « porte. Comme aussy veut et entend qu'*incontinent après son « décès il soit dit et célébré pour le repos de son âme trois mille « messes* en telles églises que Madame la Princesse Palatine son « exécutrice testamentaire désirera, et lecture à luy faite à diver- « ses fois du présent codicile a dit qu'il veut qu'il sorte son plein « et entier effet ainsy que son dit testament.

« Fait audit hostel abbatial environ l'heure de six après midy « les an, jour, lieu et heure susdits présents lesdits notaires (2).

« JEAN CASIMIR ROY, REGNAULT et BOURGOING ».

Rien, dans ce testament, ne peut laisser supposer qu'il ait existé des relations intimes entre le roi de Pologne et la maréchale de l'Hospital et encore moins qu'ils aient été mariés. Quand on

(1) La minute est demeurée audit Bourgoing.
(2) La minute est demeurée audit Bourgoing.

lit les legs considérables faits par Jean Casimir à ses officiers, aux Jésuites de Rome et même à cette petite fille nommée Marie Catherine on ne peut que se dire une chose c'est que la maréchale lui avait avancé trois cents pistoles d'or au moment où il partit pour se rendre aux eaux d'Alise-Sainte-Reine.

Jean Casimir mourut le 14 décembre 1672 et son corps fut porté le 18 dans la chapelle du collège des Jésuites. Il y resta pendant près de trois ans. Le *Mémoire de ce que le collège de Nevers a fait à l'occasion du corps du serenissime Roy de Pologne qui a esté mis en dépôt dans son Eglise* contient ce détail :

« 1° Tous les Pères du Collège l'ont receu avec le cierge à la « main lorsqu'il leur fut livré par les officiers dudit Seigneur Roy.

« 2° Il fut mis d'abord dans une congrégation où il fut gardé « quinze jours ou trois semaines et pendant tout ce temps là il « fut bruslé grand nombre de cierges et de luminaires jour et « nuit autour du corps.

« 3° On a réparé un lieu pour le mettre, ce lieu est un jubé « qui estait desja construit, à la vérité, mais il y a fallu faire des « vitres, des jalousies, porte, serrure et mesme une montée pour « y aller.

« 4° Il a fallu faire une estrade et une représentation pour « étendre le corps dans ce jubé.

« 5° Il a longtemps bruslé de la cire dans la première année « auprès du corps et puis enfin toujours une lampe jusques à ce « qu'on l'ait enlevé.

« 6° Nous avons fourni de luminaires et d'ornemens pour un « très grand nombre de messes qui ont esté dites dans nostre « Eglise pendant la première année du dépôt.

« 7° Nous l'avons gardé pendant trois ans sous la clef.

« Et pour tout cela on ne nous a jamais rien présenté ».

On laissa le corps du roi en repos jusqu'à ce que la liquidation de la succession fut faite. Je possède, sur cette liquidation, d'assez curieux documents que je publierai peut-être ailleurs, et dans lesquels se trouve un *ordre dressé, après les actes passés pardevant Le Moyne et son compagnon, notaires au Chastelet, les 6 et 15 février 1673, entre la plus grande et seine partie des officiers et créanciers dudit serenissime Roy de Pologne et de Suède, lesquels avaient établi et nommé pour directeurs des créanciers de la succession du défunt Roy de Pologne et dresser l'ordre des deniers qui proviendront de la vente des meubles et effets dudit Roy de Pologne, François*

Frédy du Moulinet, gentilhomme ordinaire dudit feu Roy, Jean Tork, son écuyer, et Jean Barré, prestre, religieux de l'Abbaye de Saint-Germain-des-Prez-les-Paris. Dans cet ordre, je relève les collocations suivantes :

A M. Dupin pour les frais par luy faits et payés tant aux officiers du bailliage de Saint-Germain-des-Prez, gardes scellez à Cachan, etc.	1.815l 16s
Audit sieur Dupin, secrétaire de S. A. Madame la Princesse Palatine, pour avances pour la subsistance de la maison du Roy de Pologne, congédier et payer partie des officiers, dégager et amener l'équipage, l'argenterie, meubles, et ce incontinent après le deceds dudit deffunt Seigneur Roy qui avaient esté portées à la ville de Nevers, etc.	12.157 09
A Son Altesse pour frais funéraires, services, messes, prières et construction d'un caveau et *ornement d'un lieu de depost du corps* du deffunt Roy de Pologne où il plaira à son Altesse de l'ordonner, comme exécutrice de son testament	6.500
Aux Religieux de l'abbaye de Saint-Germain pour la *décoration du lieu de repos du cœur* dudit serenissime Roy de Pologne en l'église de ladite abbaye.	2.000
A M. Corade, premier médecin.	2.000
A M. Corade le jeune, médecin du feu Roy.	1.500
A Madame la Mareschalle de l'Hopital suivant le testament pour dettes reconnues par le Roy.	3.300

Cet ordre, dressé le 21 juin 1673 fut homologué le 23 par la Cour du Parlement ; il ne contient rien pour nos Jésuites.

C'est le dimanche 18 août 1675 que le corps du roi de Pologne fut enlevé de l'église du collège ainsi que le constate le procès-verbal suivant :

« Par devant les notaires royaux soubsignéz fut présent en sa « personne Messire Albert Opaski, gentilhomme polonais, grand « chambellan de Varsovie, demeurant ordinairement en ladite « ville de Varsovie, estant de présent en cette ville de Nevers en « qualité d'Envoyé extraordinaire du serenissime Roy de Pou- « logne *(sic)* pour le transport du corps du feu serenissime Jean

« Casimir, Roy de Pologne et de Suède, mort en cette ville de « Nevers le 16 décembre 1672, lequel a recogneu qu'en consé- « quence de la permission de S. M. Très chrétienne pour le « transport dudit corps et du pouvoir qui luy en a esté donné « par S. A. S. Madame la Princesse Palatine exécutrice du testa- « ment fait en cette ville de Nevers par le feu serenissime Roy « Jean Casimir le 12 décembre 1672, receu Bourgoing et Regnault, « le R. P. Michel Nyon, à présent recteur du collège des R. P. « Jésuites de cette ville et dans l'église desquels ledit corps aurait « esté mis par forme de dépôt le 18 dudit mois de décembre 1672 « et seroit depuis demeuré jusques à présent, et duquel le R. P. « Gilbert Giraud, lors recteur dudit collège se seroit chargé par « son escrit donné ledit jour à M. de la Faye, capitaine des gardes « du Corps dudit feu serenissime Roy Jean Casimir, luy auroit « remis et délivré ledit corps à l'effet dudit transport duquel à ce « moyen ledit Seigneur Opaski l'a bien et valablement déchargé « tant en vertu des permissions et pouvoirs cy dessus exprimez « que de ceux de Messeigneurs André Trzebicki, evesque de « Cracovie, et André Morstin, grand trésorier de la couronne de « Pologne, aussy exécuteurs testamentaires, *le tout sans préjudice « au R. P. recteur du collège de se pourvoir pour avoir payement « de ce qui peut estre deub pour raison du dépot dudit corps et frais « faits pour raison d'iceluy*, pour raison de quoi ledit seigneur « Opaski luy a promis son entremise auprès desdits seigneurs « testamentaires. Fait et passé en la présence et par ladvis de « messire Jacques de Vienne, abbé commendataire de l'abbaye « de Saint Martin de cette ville de Nevers, Messire Augustin « Corade, seigneur du Marest, conseiller et médecin ordinaire du « Roy Très Chrétien et premier médecin dudit feu serenissime « Roy Jean Casimir et de la feu sereniseime Reyne Louise Marie, « et de Monsieur Maitre Henry Bolacre, lieutenant général de « Nevers, auxquels lesdites permissions et pouvoirs auroient esté « representez et communiquez par ledit Seigneur Opaski, en la « salle dudit collège, après midy le dimanche dix-huitième aoust « mil six cent soixante et quinze (1).

« Signé : Opaski (avec un sceau à ses armes), Michel Nyon, « de Vienne, abbé de Saint Martin, Conrade, Bolacre, Bour- « going, Regnault ».

---

(1) La minute est restée entre les mains du notaire Regnault.

La cérémonie faite le R. P. Michel Nyon, Recteur du Collège, n'oublia pas de remettre à M. Opaschi une lettre pour l'évêque de Cracovie afin d'obtenir une rémunération convenable. L'évêque de Cracovie s'empressa d'en informer la princesse Palatine en ces termes (1) :

« Madame

« Monsieur O'paschi dans son retour de France m'a rendu les « lettres très obligeantes que Vostre Excellence a daigné luy « commetre par lesquelles j'ay appris que vous avies la bonté de « louer la reconnaissance que j'avois eû envers mon très serenis- « sime autrefois Roy Jean Casimir, mon très aymable et très « puissant seigneur, en ce que jay eu soing de fair apporter ses « cendres d'un lieu si esloigné de Pologne pour estre mis à « Cracovie dans le royal sepulchre de ses augustes prédécesseurs. « Vous n'aves pas Madame lieu de me louer d'une chose que j'ay « deub fair par debvoir mais neantmoins j'ay bien de la conso- « lation que ceste marque de piété envers mon très serenissime « Roy et autresfois mon Seigneur soit approvè de vostre Excel- « lence. Ceste pourquoy vous aures la bonté d'apprendre par « celle icy que le dernier jour de janvier de l'année prochaine « que nous conterons mil six cent septante six nous celebrerons « les funerailles de Sa Majesté de très glorieuse mémoire en « présence de Nostre très serenissime Roy moderne dans las- « semblé de tous les ordres et avec la pompe solemnelle en mon « esglise cathedralle à Cracovie où nous luy rendrons les dernier « debvoirs comme à un très bon Roy. Cependant *je vous rend « grâces infinies*, comme aussy au nom des premiers seigneurs « du Royaume, *en ce que Votre Excellence par son authorité a « procuré que le corps dudit defunct très serenissime Roy ait esté « mis dans le collège des Reverends Pères Jésuites de Nevers entre « les mains de Monsieur Opaschi*, car à la vérité je croignois « quelque difficulté mais aussy je ne doubte point que Vostre « authorité ne les ait esloigné. *Le Révérend Père Recteur du collège « de Nevers demandoit à Monsieur Opaschi la compensation des « frais que le collège avait fait* en diverses choses au temps de la « déposition de corps de Roy dans leurs église de Nevers, et « comme Monsieur Opaschi dans ceste demande sest remis et

(1) Cette lettre qui fait partie des Archives de la Nièvre n'est pas signée ; peut-être est-ce une traduction, peut-être est-ce une copie.

« rapporté à moy, *le susdit Reverend Père Recteur de collège de*
« *Nevers escrit et supplie de faire en sorte quen compensation des*
« *susdits frais on ait la bonté de faire quelque reconnaissance en*
« *argent comptant au collège de ladite ville de Nevers.* Pour moy
« je reconnois que ceste demande est juste et que ce collège de
« Nevers est digne de quelque récompense. Lhospital aussy des
« pauvres de Nevers demande le payement de lègue de mil florins
« qui font mil francs de vostre monoye. De plus Monsieur Corrade,
« médecin, le payement de ses gages. C'est pourquoy comme
« toutes les susdites demandes sont justes et quil nest plus
« besoing de faire en France aucune despense pour les funerailles
« de très serenissime Roy Jean Casimir (car la sepulture royale
« ne se fera pas en France mais bien en Pologne et aux despens
« des Polonois). Excusé Madame si j'ose supplier Vostre Excel-
« lence que des six mils et cinq cents fleurins ordonné pour la
« sepulture de très serenissime autresfois Roy par decret du
« Parlement (duquel lexemplaire est icy adjoinct) quelle ait *la*
« *bonté de commander que lon paye mils deux cents fleurins*
« *polonois qui sont autant que mil deux cents fleurins de France*
« *au collège des Jésuites de Nevers* et le legue de mil francs à
« l'hospital de Nevers avec la debte de Monsieur le médecin
« Corrade qui est digne de recompense, car il est tres juste que
« ceste somme de six mil et cinq cent fleurins destinés pour les
« funerailles par le Parlement soit emploié à satisfair aux pieuses
« fondations et aux autres bonnes œuvres car lenterrement se
« fera en Pologne et aux frais des Polonais.

« Pour ce qui est de lheritage que le Roy très serenissime a
« laissé en Pologne au serenissime duc d'Anguien jen ay desja
« suffisament informé Monsieur le marquis de Béthune lors que
« dernièrement il estoit chez moy et en ait escrit mesme au
« serenissime Duc. Pour ce qui touche les meubles délaissés en
« Pologne par le susdit très serenissime Roy il y a beaucoup de
« difficultés car la somme de six cents mils francs doit estre pris
« *de Domine jyvecensis (?)* et employé à payer les debtes que le
« très serenissime Roy a fait en Pologne et on a commencé desja
« les revenues *de Domine Jynecensis* (?) que l'on reçoit à satisfaire
« aux créditeurs.

« Voylà Madame ce que je puis fair savoir à vostre Excellence
« et lasseurant en mesme temps que je demeure avec toute
« soumission de Vostre Excellence ».

Les Pères Jésuites, las d'attendre, finiren par s adresser à la justice. Un arrêt de la Cour, du 17 février 1677, leur accorde mille livres.

La princesse Palatine n'avait pas jugé à propos de payer ses dettes et l'évêque de Cracovie dut présenter ses excuses en latin en envoyant une lettre de change de mille livres.

Adm Rde in Christo Patre

Dominus Albertus Opaki surcamerarius Varsoviensis qui anno 1675 fuit ablegatus in Gallias ad deducendum in Poloniam cineres gloriosæ memoriæ Sereniss. Joannis Casimiri Regis Poloniæ et Suæciæ port quam rediit inde mense novembri anni ejusdem 1675, attulerat mihi litteras R. P. Michaelis Nyon, Rectoris collegi Nivernensis Societati Jesu, in quibus supradictus P. Rector postulabat ut aliqua gratitudo Ecclesiæ et Collegio Nivernensis præstaretur pro conservatis per tres annos iisdem cineribus serenissimi Regis. Imprimis videtur mihi esse res justissima ut prædicta gratitudo pro conservato eodém deposito Patri Rectori et collegio ejus Nivernensi exhibeatur. Indolui (?) *igitur quod Dnus Opaki illo ipso tempore quo accipiebat Niverni supradictos cineres, non solverit nomine gratitudinis centum aureos eidem Patri Rectori et collegio Nivernensi, sicut illi injunxeram, et reprehensus est a me idem Dnus Opaki hac de re, sed excusabat se quod debuit majores sumptus facere in adducendis supradictis cineribus, quam sperabat, ac proinde non potuit satisfacere meæ commissioni. Nunc igitur ut satisfiat justæ petitioni supradicti Patris Rectoris Nivernensis mille mille* (sic) *florenos monetæ galliæ, et hisce includo literas cambiales, ut vigore illarum Parisiis recipiat Pater Rector collegii Nivernensis eandem pecuniam mille florenorum, atque grato animo hoc exiguum munusculum accipiat, et mihi postea testimonium acceptæ pecuniæ ejusdem mittat. Interim Reverentiam Vestram optime valere cupio.*

Varsaviæ 13 mensis aprilis 1677.

Reverentia vestre
Benevolent[mus]
ANDREAS TRZEBICHI
Eps. Cracovien.

Nos révérends Pères, contents je pense, s'empressèrent d'envoyer leur procuration à Paris pour encaisser les fonds.

« Pardevant les nottaires royaux résidents à Nevers soubsi-
« gnés ont comparu en leur personnes Reverends Père Michel
« Nyon, recteur du college des Pères Jésuites de la ville de

« Nevers, et Jacques Esmery, procureur dudit college, demeu-
« rant à Nevers, lesquels, tant pour eux que pour les autres
« Pères dudit college et leurs successeurs en icelluy ont fait,
« constitué leur procureur général et spécial Reverend Père
« Lazare Galliot, procureur de la Province, desdits Pères Jésuites
« appelée la Province de France, auquel lesdits constituants ont
« donné pouvoir, authorité et mandement expres de pour eux
« et en leurs noms, demander et recepvoir la somme de mil
« livres et d'en donner acquit valable à son Altesse Mademe la
« princesse palatine, adjugés par arrest de la cour en date du
« dix sept février mil six cent soixante et dix sept aux dits Reve-
« rends Pères Jésuites de Nevers sur les deniers que ladite
« Altesse a en sa puissance procédante de l'hérédité dudit feu Roy
« de Pologne pour les frais de dépôt du corps dudit feu Roy de
« Pologne dans l'église dudit college de Nevers, promettant avoir
« le tout pour agréable.

« Car ainsi faict et passé à Nevers en lestude de lung des
« jurés soubsignés, l'autre présent, le vingt cinq may mil six
« cent soixante et dix sept.

« Michel NYON « GUILLIN
« ESMERY « REGNIER »

Mille livres représentaient neuf mille francs de notre monnaie, c'était un joli chiffre de cierges et de prières !

CHAPITRE XIV

L'église de Saint-Pierre. — Traité avec le peintre italien Gherardini, 12 mars 1685. — Chapelles de Saint-François Xavier et de Notre-Dame; Sanctuaire du Grand Autel; Reliquaire; Blanchiment des voûtes. Sabatini.

Occupons-nous maintenant de l'église du collége, dédiée à Saint-Pierre et fort connue à Nevers sous le nom d'*église Saint-Père*.

Par le traité du 6 juin 1608 les Jésuites s'engagèrent à bâtir, à *leur propre compte et despens*, une église à condition que la Ville leur donnerait les maisons qui se trouvaient le long de la rue des Ardilliers, en allant du puits à la porte des Ardilliers. La première pierre de cette église aurait été posée le 9 septembre 1612 par Charles de Gonzague, duc de Nevers, mais les constructions n'étaient pas très avancées en 1624 (1). Vers cette époque, en effet, la Ville accorde 300 livres aux jésuites pour les aider à l'édification de leur église et particulièrement *« de la chapelle Saint-Marc étant en icelle »*, chapelle dont j'ai parlé plus haut.

La construction marcha lentement puisque le 15 octobre 1641 les jésuites, ainsi que nous l'avons vu, reçurent un don de mille livres pour « l'édification de l'église du collége », mais, en 1653, lors des discussions qu'ils eurent avec le prieur de Saint-Etienne, elle devait être achevée. Je n'ai pas manqué, à cette occasion, de dire un mot sur la *chapelle de Notre-Dame*, dite vulgairement de Bon Secours et sur l'*autel de la Vierge* « qui est un des plus glorieux et honorables lieux puisque là se font la plupart des vœux de la Ville et que souvent on y offre le saint sacrifice pour les nécessités publiques ». Les Jésuites avaient en effet attiré dans leur église toute la clientèle bien payante de Nevers, ce qui excita au plus haut point la jalousie des curés. Le Recteur, Nicolas Lambert, poussa même le zêle, pour ne pas dire l'audace, jusqu'à publier, au commencement de 1658, une indulgence plénière « qu'on ne pouvait gagner qu'en se confessant et en communiant dans sa chapelle chaque troisième dimanche. » Il paraît qu'il ne se gênait pas pour prêcher que « on tirerait autant d'âmes du purgatoire qu'il se ferait de communions dans son église », ce qui fit écrire par l'évêque, Eustache de Chéry, qu'il avait rendu les paroisses désertes.

Toutefois si, en 1653, l'église était terminée et si on avait pu, en 1672, y déposer le corps du roi de Pologne, elle n'était pas complètement peinte. Le peintre italien Gherardini devait y travailler en 1684.

En voilà une preuve certaine : le 12 mars 1685 l'architecte, Joseph Lingre, demeurant à Nevers, passa le traité suivant avec « Jean Jerardin *(sic)*, peintre italien de nation, habitant de « Bologne, *de présent en cette ville de Nevers, travaillant à l'une « des chapelles de l'église des R. P. Jésuites.*

« Ledit Jerardin s'oblige envers ledit Lingre à faire la peinture « à fresque de la calotte ou coupe... du dôme de l'église desdits « Pères Jésuites avec l'espace qui est depuis ladite couppe jusques « sur la corniche du dedans de ladite église, de faire dans laditte

(1) Voir Ch. IX le plan, et Ch. X la donation d'une perrière faite le 25 septembre 1620.

« couppe *une Gloire*, au bas une balustrade et au-dessoubs une « corniche avec ornements dans le reste de l'espace et dans les « quatre angles quy sont entre les arcades des vou... de l'église « et quy font la naissance du dosme peindre *les Quatre évangé-* « *listes* environnés de cartouches... de mettre dans tout ledit « ouvrage la quantité d'outremer et autres couleurs fines aux « endroits où il sera de besoin et de l'or à proportion *comme à la* « *chapelle où ledit Gerardin travaille présentement*. Il s'oblige « aussy à peindre la voûte de la chapelle de Monsieur le doyen « au... et le m... qui est au logis dudit lieu, pour faire lequel « ouvrage il fournira tout l'or, les couleurs nécessaires et fera « faire à ses dépens le dernier enduit pour les fresques; il « s'oblige, sitôt que la maçonnerie sera faite, d'y travailler « incessamment et sans discontinuation, sans aucun interval de « temps, jusques à ce que tout soit fait et parfait, en sorte que « ledit Lingre en soit valablemeut deschargé.

« Ledit Lingre s'oblige à faire faire tous les chafauds néces- « saires, un gros enduit dans la calotte pour pouvoir le dessin « (*sic*), fournir la chaux et le sable pour faire les enduits du « fresque et payer audit Gerardin la somme de six cents livres « en quatre payements égaux, savoir cent cinquante livres dans « huit jours pour le premier payement, les deuxième et troisième « payements à mesure de l'ouvrage et les cent cinquante livres « restant à la fin dudit ouvrage. »

« Signé : LINGRE, GHERARDINI. »

La signature Gherardini, apposée sur ce traité, ne ressemble en rien aux signatures des quittances que je citerai tout à l'heure, qui sont d'une écriture plus grosse et qui donnent les noms : Jerardini, Jerardin. Les Jésuites appellent habituellement ce peintre Giraldin.

L'abbé Boutillier a publié dans le Bulletin de la Société Nivernaise, 2e série, t. VII, p, 255, une notice sur *L'auteur des fresques de l'église Saint-Pierre de Nevers*, dans laquelle il laisse entrevoir que Gherardini, d'humeur aventureuse, n'aurait fait que passer à Nevers, et raconte, d'après un auteur inconnu qui écrivait dans le *Journal de la Nièvre*, qu'il coloriait mal et dessinait plus mal. D'après les documents inédits que je vais faire passer sous les yeux des lecteurs, nous verrons que Gherardini était à Nevers en 1684 et qu'il resta dans notre ville au moins jusqu'au commencement de 1691. Peut-être alla-t-il alors à Paris peindre à fresque la bibliothèque de la maison professe des jésuites. Peut-être s'embarqua-t-il ensuite pour la Chine avec le Père Bouvet. Ceci est en dehors de notre sujet, mais nous constaterons que Gherardini et Battista Sabadini ne sont pas la même personne ainsi que l'a écrit, dans son article au *Journal de la Nièvre*, l'auteur inconnu dont je viens de parler, et que Gherardini employa Sabadini pour les peintures ordinaires de l'église de Saint-Pierre en réservant pour lui les figures.

Nous venons de voir, par le traité qu'il passa le 12 mars 1685 avec l'architecte Lingre, que Gherardini travaillait alors à une chapelle de l'église du collége. Cette chapelle devait être celle de *Saint-François Xavier*.

En effet Gherardini souscrit, à la date du 4 septembre 1685, la quittance suivante : « Reçu de R. P. Lattaignant toute la somme « dont nous sommes convenus pour peindre la *chapelle Saint-* « *Xavier* à fresque et m'oblige à l'achèvement de la peinture à « ladite chapelle qui est dans l'église du collége. » (1)

Un peu lambin et travaillant pour divers particuliers, Gherardini ne finissait rien, aussi le Père Recteur croit bien faire en lui faisant accepter le 7 mai 1686 le traité suivant : « Pour ce qui « regarde le temps qui doit être employé à l'ouvrage du *dôme* et « de la *chapelle de Notre-Dame*, nous sommes convenus qu'il « sera de dix-huit mois, durant lequel temps je m'oblige, moi « Recteur du collége de Nevers, à loger, à nourrir Monsieur Giraldin avec son valet à telle condition que si l'ouvrage est achevé « devant ledit temps ledit Giraldin ne laissera pas de demeurer « jusqu'au dit terme s'il leur plaist avec son valet. » Le 15 octobre de la même année Gherardini reconnaissait avoir « reçu tout « la somme dont je suis convenu avec le R. P. Lattaignant, Rec- « du collége de Nevers, pour la peinture à fresque du dôme de « l'église dudit collége, sans préjudice de ce que je dois recevoir « de M. Lingre pour le même ouvrage. » Et le 5 novembre il rédigeait la curieuse quittance suivante : « Reçu à 270 livres du « R. P. Lattaignant, Recteur du collége de Nevers de la compa-

---

(1) Un mémoire de février 1687 indique qu'il a dépensé pour la chapelle Saint-François-Xavier : pour 9 millions d'or à 30 . . . . 270 livres.
Plâtre, chaux, plancher, maçonnerie, échafaud. . . . . 516 livres.
Plus autres dépenses . . . . 375 livres.
Le tout non à la charge de Gherardini.

« gnie de Jésus, toute la somme dont nous sommes convenus en « m'obligeant à peindre à fresque toute la chapelle de Notre-« Dame qui est dans l'église dudit collége à l'imitation de celle « de Saint-Xavier et à fournir échafaud, chaux, mortier, enduits, « couleurs, enfin tout excepté l'or que l'on ne peut pas obliger de « fournir mais seulement de l'appliquer à proportion qu'on le « fournira, moyennant quoi ledit Recteur s'est obligé de nourrir « ledit Jerardini et un valet, à lui fournir l'huis..., chandelle, « pain. »

« Signé : LATTAIGNANT, Jean JERARDINI. » (1)

Le traité concernant les échafauds « à faire et à défaire » dans la chapelle de Notre-Dame avait été passé le 8 octobre 1686 entre Martin Mignot, charpentier à Nevers, et Gherardini qui s'obligea à rendre tout le bois employé aux échafauds « dans l'espace de sept mois à compter de ce jour » (2). Il ne me semble pas que cette clause ait été mieux suivie que celles souscrites avec le Recteur du collége (3).

Voilà, du reste, le relevé des dépenses faites pour la *chapelle de Notre-Dame :*

16 novembre 1686.	40 livres.	27 avril 1689	20 livres.
25 juillet 1688 ...	25 livres.	12 mai 1689	20 livres.
14 janvier 1689 ..	9 livres.	17 mai 1689	15 livres.
12 avril 1689.....	20 livres.	9 juin 1689.....	5 livres.
26 avril 1689.....	5 livres 10 sols	3 septembre 1689	4 livres 10 sols

Dès le 20 mai 1689 Gherardini avait passé le traité suivant avec Battista Sabadini qui fut appelé Sabatini et qui laissa ce dernier nom à ses descendants :

(1) L'expression *reçu* n'est peut-être pas très exacte car le 16 Gherardini reçoit 40 livres à compte sur ladite somme de 270 livres.

(2) Le 21 octobre 1686, en faisant les réparations de la chapelle de N.-D. de l'église des Pères Jésuites, le maître charpentier, Martial Robelin, « tomba du haut d'un chaffaud » et se tua. Il fut inhumé le 22 dans le cimetière de Saint-Etienne. (Archives communales de Nevers, G. 85.) Ce même jour, 22, Gherardini paya à Clergé, comme associé de Labourre, quinze livres restant dues à Labourre pour avoir fait les enduits et fourni la chaux et le sable à la voûte de la chapelle de Notre-Dame.

(3) Mignot donne à Gherardini les quittances suivantes ; 18 octobre 1686, 20 livres pour premier à compte ; 12 mai 1689, 20 livres ; 9 juillet 1689, 25 livres restant à payer pour les échafauds du Grand Autel ; 18 décembre 1689, 6 livres.

« Je soussigné M. Battista Sabadini, peintre itaglien, confesse « avoir fait marché avec M. Jerardini, peintre itaglien, moyennant « la somme de 150 livres de mestre l'or (que ledit Jerardini lui « fourniront) et peindre la chapelle de Notre-Dame des R. P. « Jésuites de Nevers depuis la corniche jusques au bas de la « mesme manière que la chapelle de Saint-Xavier qui est vis-à-« vis, c'est à dire tout l'architecteure, tout les fleurs et ornement « *excepté le figure que le sieur Gherardini peindra lui-même*, de « plus il confesse havres receu dudit sieur Jerardini la somme « de 66 livres en déduction de celle de 150 livres qui me seront « dus peur le susdit ouvrage, le sieur Jerardin de son côté s'oblige « de me payer 34 livres dans quinze jours et 50 autres après lou-« vrage achevé. A foy de quoy nous avons tout deux fait et signé « le présent bigliet ce jourdhuy le vintiesme deu may 1689. »

« SABADINI. »

Le 9 juillet suivant Sabatini donne à Gherardini une quittance de 14 livres et signe : Jean Babtisse *Sabatini* (1).

Ces deux pièces suffisent à démontrer que Sabatini et Gherardini sont deux personnes différentes et que ceux qui ont parlé jadis de M. *Batiste* comme seul peintre de l'église du collége n'étaient pas exactement renseignés. Une note non datée et non signée, mais très plaintive sur les longueurs mises par Gherardini à s'acquitter de son travail, en donne une nouvelle preuve :

« M. Giraldin employa pour le moins six grands mois à pein-« dre la seule voute de Saint-François-Xavier. Encore fut-il « beaucoup aydé par M. Baptiste pour l'architecture et par Fran-« çois son garçon, qui applique beaucoup d'or à la corniche. « Souvent même il travaillait les jours de feste et a beaucoup « travaillé à la chandelle. Il a encore beaucoup employé de temps « à peindre le bas de la chapelle, mais il travaillait pour d'au-« tres.

« On peut juger de là combien il lui faut de temps pour pein-« dre la chapelle de Notre-Dame dont il ne scauroit peindre la

(1) Remarquons en passant que l'Inventaire des Archives communales de Nevers, relate à la cote BB. 33, années 1687-90, le fait suivant : Réception de Jean-Baptiste Sabatiny comme peintre de la ville, en considération des peintures qu'il a faites pour le compte de Mgr le duc au château de Saint-Eloy et dans plusieurs églises et maisons particulières de cette ville.

« seule voûte, quand il ne feroit autre chose, qu'en plus de six « ou sept mois. Il lui faut encore du temps pour peindre le bas « de cette chapelle, et quand il pourroit le peindre en deux mois, « il ne peut peindre ladite chapelle qu'en neuf mois. Le peut « qu'il a fait au dome et ce qui reste à y faire demande bien ce « semble deux ou trois mois, ainsi il lui faut bien un an pour « achever ce qui lui reste d'ouvrage sans parler du bas de la « chapelle de Saint-Xavier qui n'est que croqué, Suivant l'écrit « qui est entre lui et le R. P. Recteur, il ne doit plus demeurer « qu'une année en ce collége pour y estre nouri lui et son gar- « çon, de là je conclus que si ledit sieur travaille à d'autres « ouvrages qu'aux nostres il ne pourra pas achever les nostres « dans le temps qu'il a promis si lon considère surtout qu'il peut « venir un hiver rigoureux qui peut encore retarder louvrage. « On demande ce qui est à faire et *si lon peut se pourvoir en jus- « tice* pour l'obliger à travailler uniquement pour nous j'usqu'a « ce qu'il ait achevé l'ouvrage qu'il a promis.

« Les Pères Jésuites demandent qu'y ayant un escrit entre le « sieur Giraldin et le Recteur du collége par lequel *le collége est « obligé de nourrir et loger ledit sieur et son garçon lespace de « dix huit mois* durant lequel espace ledit sieur a promis d'ache- « ver de peindre le dome de l'église suivant son traité avec le « sieur Lingre et en outre cela de peindre la chapelle de Notre- « Dame conformément à celle de Saint-Xavier. *Plus de six mois « restent déjà écoulés* sans que ledit sieur ait avancé notablement « ses ouvrages ny ayant encore que peu de personnages au « dome, et toute la chapelle étant encore entière et ce retardement « provenant entre autres de ce que ledit sieur a travaillé et tra- « vaille encore pour d'autres particuliers dans la ville, il soit « ordonné audit sieur Giraldin de travailler incessamment au « dome et à la chapelle de Notre-Dame, deffenses lui soient faites « de travailler pour d'autres qu'il nait achevé les ouvrages du « collége. Attendu qu'à peine une année peut suffire pour achever « lesdits ouvrages. Qu'en cas que ledit sieur contrevienne aux « dites ordonnances et deffenses, il soit permis au père Jésuite « pour se dédommager de saisir et faire arret de ce qui sera deu « audit sieur tant par ceux pour lesquels il travailleroit en ville « que par d'autres, comme aussi qu'il leur soit permis de ne le « point nourir ni loger ni lui ni son garçon tandis qu'il travail- « lera à d'autres ouvrages qu'à ceux du collége.

« Il est à remarquer que ledit sieur a touché l'argent qui lui

« avoit été promis pour le dôme à 80 livres près et l'argent de la « chapelle de Notre Dame à 150 livres près. »

Suivons maintenant les quittances données en 1689, 1690 et 1691 par Gherardini :

SANCTUAIRE OU GRAND AUTEL

9 juillet 1689.	20 livres.	3 janvier 1690.	20 livres.
30 juillet.....	180 livres.	4 janvier	6 livres.
23 septembre.	45 livres.	7 janvier	13 livres 10 sols
6 novembre.	45 livres.	11 janvier	12 livres 8 sols
7 novembre.	28 livres.	15 janvier	23 livres.
9 novembre.	57 livres.	25 janvier	18 livres.
10 novembre.	30 livres.	6 février......	3 louis d'or.
17 décembre.	110 livres.	8 février......	81 livres 4 sols
31 décembre..	14 livres 10 sols.		pour restant à payer.

QUITTANCES DONNÉES SANS DÉSIGNATION DE L'OUVRAGE FAIT

6 mars 1687 : 12 livres sur les 80 livres de Monsieur le Doyen.

27 juin 1689 : 80 livres 5 sols en déduction de celle de mille livres livres promise par le marché fait avec le Père Dariot, recteur des écoles, par devant Regnier, notaire royal.

29 juin 1689.	80 livres 10 sols.	31 janvier 1690.	5 livres.
6 juillet 1689.	112 livres 10 sols.	4 février 1691.	6 livres.
9 juillet 1689.	57 livres 10 sols.		

BLANCHIMENT DES VOUTES

C'est le R. P. Gage, procureur du collége des Jésuites, qui, le 21 décembre 1689, passa, avec François Depinard, « enduiseur et blanchisseur de murailles », demeurant à Nevers, un traité par lequel Depinard promit « de blanchir de blanc luisant toute la « voûte de la nef des Pères Jésuites depuis la corniche, y compris « l'espace de la grande fenêtre du portail, jusqu'à la dite corni- « che, y mettant quatre couches de blanc et ce pour la somme « de trente livres sur laquelle il confesse avoir reçu dix livres « à compte. »

Le 21 janvier 1690 Depinard s'engagea à « blanchir de blanc « luisant toutes les murailles généralement et petites voûtes non

« peintes de l'église du collége comme aussi les petites voutes et « murailles des jubés de ladite église mettant pour tout quatre « couches de blanc et ce pour la somme de quarante livres sur « laquelle il confesse avoir reçu dix livres comptant. » Huit jours après, le 29, le même Dépinard reçut douze livres « pour avoir « blanchi les petites voutes qui sont à côté du grand autel de « l'église du collége moyennant laquelle somme il promet tailler « et poser la pierre du seuil de la porte et quatre petites tables « de pierre joignant la pierre dudit seuil de la porte qui est pro- « che les classes. »

L'enduiseur Dépinard fut aussi employé par Gherardini auquel il donna les quittances suivantes :

17 mai 1689 .... 15 livres.
26 juillet 1689 .. 20 livres pour avoir piqué et enduit la voûte du grand autel.
17 octobre 1689. 40 livres.
4 janvier 1690. 6 livres.
24 janvier 1690. 8 livres restant à lui payer.

J'ai maintenant l'espérance que les Nivernais n'oublieront pas plus les noms de Gherardini et de Sabatini que ceux de l'architecte Lingre et de François Dépinard, enduiseur et blanchisseur de murailles.

J'ajoute, pour terminer ce qui concerne l'église du collége, que le 28 juin 1688, Dominique Cuffier, maître marqueteur, sculpteur en bronze ordinaire de Sa Majesté, demeurant aux Gobelins, reconnut avoir reçu de M. Arquier la somme de treize cents livres pour deux reliquaires qu'il avait faits et que, le 10 août suivant, les Jésuites, après avoir pris possession de ces reliquaires, remboursèrent M. Arquier.

CHAPITRE XV

Le collège. — Nombre des élèves. — Enseignement. — Exercices oratoires des rhétoriciens. — Panégyriques divers. — Conclusions des philosophes. — Jean Allasœur, émailleur apprend sont art aux philosophes. — Exercices scolaires. — Langue française. — Histoire sainte — Histoire de l'Eglise.

Si les jésuites ont laissé de très nombreux renseignements sur leur vie en dehors du Collège, ils n'ont laissé que fort peu de

choses sur leur vie dans le collège jusqu'au milieu du XVIIe siècle. Dans le chapitre IV de cette étude, j'ai donné le règlement fait, le 30 octobre 1540, pour l'enseignement dans les classes. A cette époque les abécédaires fréquentant le collège, les élèves étaient fort nombreux. Au chapitre VII j'ai indiqué que les jésuites avaient été obligés de partir au commencement de l'année 1595 et qu'ils ne rentrèrent définitivement qu'en 1607. Leur absence momentanée ne fit pas diminuer la population scolaire puisque le 7 décembre 1595, lors de la translation des restes de Marguerite de Bourbon et de Ludovic de Gonzague dans les caveaux de la cathédrale de Nevers, le convoi, parti de la chapelle de Saint-Sylvain (1), avait à sa tête les enfants *du collège de la ville de Nevers, au nombre de trois cents, ayant chacun un cierge ardent* (2). Un morceau d'un *Index rerum quœ traduntur et librorom quorum usus in scolis inférioribus* m'a permis de relever les indications qui suivent :

Grammaticæ infimæ : Grammaticæ linguæ latinæ pars prior. — Selecta ex M. Tullio Cicerone. — Phædri selectæ fabulæ. — Grammaticæ linguæ græcæ pars prior. — Historia sacra Veteris Testamenti. — Geographiæ generales notiones. — Arithmetica.

Grammaticæ mediæ : Grammaticæ linguæ latinæ pars altera. — Selecta ex M. Tullio Cicerone. — Cornelii Nepoti Vitæ illustrium imperatorum. — Selecta ex Ovidio et Phædro. — Grammaticæ linguæ græcæ pars altera. — Selecta ex græcis scriptoribus. — Historia Romanorum ab Augusto ad Constantinum. — Geographia. — Aritmetica.

Humanitatis : Præcepta ad artem rhetoricam. — M. Tullii Ciceronis Orationes selectæ. — C. Crispi Sallustii Historiæ. — Virgilii Æneis. — Tibulli carmina et Horatii Odæ selectæ. — Syntaxis græca. — Solutæ orationis et carminis exempla græca selecta. — Chronologia. — Sphæra armillaris. — Grammaticæ supremæ. — Grammaticæ linguæ latinæ pars tertia. — M. Tullii Ciceronis de Officiis, de Senectute, de Amicitia. — C. Julii Cæsaris Commentarii. — Virgilii, Ovidii, Tibulli, Catulli carmina selecta. — Grammaticæ linguæ græcæ pars tertia. — Selecta ex græcis scriptoribus. — Historia de re romane imperatore Augusto. — Geographia. — Arithmetica.

Rhetoricæ pomeridianæ : Virgilii, Horatii, Catulli, Propertii, carmina. — Græcorum pœtarum exempla solecta. — Geographiæ Uninersæ notiones exquisitiores.

---

(1) La Chapelle de Saint-Sylvain, transformée depuis longtemps en habitation, se trouve au n° 52 de la rue Sainte-Valière.

(2) *Société Nivernaise*, 3e série, T. V. p. 129.

Rhetoricæ Antemeridiane : **M. Tullii Ciceronis Oratoria. — T. Livi' et Cornelii Taciti Historiæ. — Solutæ orationis exempla ex græcis scriptoribus selecta. — In probatissimos vernaculæ linguæ scriptores exercitationes. — Historia rei litterariæ.**

Ces renseignements sont courts et ne nous disent rien sur la façon dont les professeurs gravaient leurs leçons dans l'esprit de leurs élèves. Il faut nous en contenter, mais j'ajouterai qu'en 1645 on trouve comme professeur au collège le Père Jean Rigolenc, natif de la Bretagne. Entré aux jésuites en 1617 et mort en 1658, ce Père avait, dit Moréni, une singulière dévotion pour le culte de la Vierge et la plupart de ses ouvrages sont mystiques. On cite particulièrement de lui : *Jésus aimable, l'oraison mentale, de la garde du cœur, abrégé de la vie parfaite.* (1)

Nous avons vu, au chapitre V, qu'autrefois, en certaines saisons de l'année, les régents faisaient représenter par leurs écoliers des comédies et des dialogues en latin et qu'en 1600 la ville de Nevers paya 10 sols à un charretier qui avait conduit au collège les bois nécessaires pour faire des échafauds afin de jouer des tragédies. Mais c'est surtout après le retour des jésuites que les exercices oratoires prirent un grand développement. Le traité du 4 janvier 1607 avait prévu la construction au collège d'une salle de déclamation dans laquelle se formèrent de nombreux *orateurs* et se préparèrent de non moins nombreux comédiens.

M. l'abbé Bouteiller, qui fut un instant mon condisciple en la classe de 4e du collège de Nevers, a publié sur *les exercices publics dans le collège de Nevers avant la Révolution*, un très intéressant travail qui a été lu à la Sorbonne le 29 avril 1886 et reproduit dans un des bulletins de la Société Nivernaise (2). Sauf quelques exceptions, nous apprend-il, les exercices publics ont toujours été écrits et débités en latin. Ils se présentèrent sous diverses formes : *exercices oratoires, exercices philosophiques, exercices scolaires, exercices dramatiques.*

Les exercices oratoires ou discours étaient prononcés par les élèves de la classe de rhétorique dans la salle de déclamation. Un compte de l'année 1619 relate que la ville donna 15 livres au fils de feu M. Baptiste Conrade, maître faïencier, pour la décla-

(1) C'est vers cette époque, 1645, que le futur peintre Roger de Piles, né à Clamecy en 1635, faisait ses premières études au collège de Nevers. Peu après on l'envoyait à Auxerre d'où il gagna Paris pour y étudier en philosophie.

(2) 3e série, T. 3, p. 84.

mation par lui faite au collège en l'honneur de la Ville (1). Les élèves étant devenus forts et les habitants de Nevers ayant pris goût à ces attractions, on songea à inviter le public, même celui des villes voisines, par des affiches spéciales, à assister aux discours des réthoriciens, aux thèses des philosophes et aux représentations théâtrales (2).

Le dimanche 13 novembre 1677, l'orateur exalta les triomphes du vainqueur de l'Europe. L'affiche annonça l'événement en ces termes :

D. O. M.
Annum hunc
Ludovici Magni
factis ingentibus
gloriosum
et Europæ conjuratæ fractis
conatibus
félicem
panégyrico laudabit
orator Nivernensis
in collegio Sociétatis Jésu

En 1678 l'affiche nous apprend que l'orateur exaltera le bonheur que les Français doivent ressentir du rétablissement de la paix :

D. O. M.

Ludovico Magno
Bellotori pacifico
pacem nunquam
quam sub bellicoso principe
tutiorem esse
démonstrabit
orator Nivernensis
in collegio Socielatis Jesu

En 1680, le 17 novembre *Serenissimo Franciœ Delphino panegyrieum dicet orator Nivernensis*, et en 1882 *Ad solemnein schola-*

(1) Archives communales de Nevers, CC. 284.
(2) *Idem* CC. 271.

rum nistaurationem in temeriaros judices ingeinorum dicet orator (1).

Le 4 novembre 1685 l'orateur venge l'éloquence contre la loquacité qu'il dédaigne : *ad scholarum instaurationem eloquentiam ab exprobata loquacitate vindicabit orator.* Le dimanche 16 novembre 1887, c'est le panégyrique de Louis le Grand que le public entendra et le dimanche 17 décembre 1690 *Ludovico magno quod unus adversus omnes pro religione pugnaverit unus omnes per religionem vicerit panegyrica oratione gratulabitur orator.*

Pouvait-on, dans les collèges de jésuites, faire autre chose que célébrer les vertus catholiques du grand roi ? Ailleurs on vivait dans l'épouvante et la tristesse. Les protestants étaient livrés à l'intolérance et à la passion religieuse des Parlements, Les portes de tous les emplois se fermaient devant eux. Les enfants huguenots de sept ans étaient autorisés à changer de religion contre le gré de leurs parents.

On avait imprimé à Nevers, chez Antoine Chaillot, imprimeur de Monseigneur l'Evêque, de la ville et du collège, un livre intitulé : *La vérité de la religion catholique, apostolique et romaine, et fausseté de la religion prétendue réformée des calvinistes,* par dom Alphonse Belin, prieur claustral et grand vicaire du prieuré de Notre Dame de la Charité, ouvrage « très fort pour convaincre les plus opiniâtrés dans l'erreur de Calvin ». Il n'y a donc rien d'étonnant à ce qu'il y ait eu au collège une recrudescence de discours catholiques et politiques.

L'abbé Boutellier, qui a recueilli une grande quantité d'affiches annonçant les exercices publics, dit que le 25 novembre 1691 l'orateur démontra que la véritable volupté des jeunes gens a sa source dans le goût des lettres : *propriam adolescentum voluptatem in studio litterarum positam esse démonstrabit orator* et que, le 10 décembre 1692, il démontra que sous le règne de Louis le Grand, le génie des Français ne le cède en

(1) Relatons, en passant, qu'en 1684, sur l'ordre des échevins, le peintre Philippe Cretin dressa le plan colorié du collège et de ses dépendances. J'ai d'autant plus regretté de n'avoir pu trouver ce plan pour le comparer avec ceux de 1624 et de 1653, que l'inventaire des archives communales de Nevers relate à la cote GG 152, que c'est un Philippe Cretin qui dressa le plan de 1624. La ville lui donna, en 1629, à l'occasion du passage du roi, 60 livres pour un grand tableau où il avait dépeint le roi dans un char triomphal. Elle paya de plus 9 sols pour une livre et demie de chandelle fournie audit Philippe Crétin, peintre, la nuit qu'il a travaillé au tableau avec maître Christophe Tilloux (*Idem*, CC. 294)

aucune manière à l'antiquité la plus policée et qu'il surpasse de beaucoup par la gloire militaire les peuples les plus forts de cette même antiquité : *Regnante Ludovico magno Gallos ingenii laude politissimæ antiquitati nulla ex parte cadere fortissimis vero ex eadem antiquitati populis militari gloria longe esse superiores demonstabit orator.*

En 1701, le 2 mai, deux réthoriciens parlent à tour de rôle. Le premier, Remy Girard d'Aumont d'Espeuille (1), raconte que Nevers doit être célébré au-dessus de toutes les autres villes : *Nivernum urbibus præ cœteris celebrandum demonstrabit.* Le second s'applique à prouver que les jeux littéraires l'emportent sur tous les autres jeux : *Ludum litterarium esse ludis reliquis potiorem demonstrabit Claudius Boudier rhetor.*

Il me semble que ces citations doivent suffire aux curieux. J'ajouterai cependant, pour clore ce sujet, que le 17 janvier 1741, l'orateur célèbra la gloire de la province du Nivernais et que les lundi et mercredi 26 et 28 août 1743, dans la salle de rhétorique, il y eût un véritable assaut entre les écoliers. Le lundi, Claude Mathieu, de Decize, parla sur ce curieux sujet : *magnum ingenium non raro esse desidiæ fontem*, il n'est pas rare qu'un grand génie engendre la paresse. Après lui, Ludovic Chaillot de la Chasseigne et Antoine Lambert, tous les deux de Nevers, s'escrimèrent sur *Virtus Heroïca*. Le mercredi, des poésies furent dites. Ignace Dugué, Jean de Villars, tous les deux de Nevers, et Georges Richard, de Corbigny entretinrent le public du *Caffœum*, puis Antoine Léon Maillot, Edouard Lempereur et François Doyat, de Nevers, vantèrent l'*Ars placendi.*

C'était évidemment un grand honneur de prononcer, en présence de graves personnages, un discours aussi solennel que latin, mais je crois que, en général, les élèves aimaient autant, sinon mieux, remplir certains rôles dans les comédies ou tragédies latines, composées ordinairement par les jésuites et jouées publiquement. J'aurai l'occasion d'en parler dans un autre chapitre.

Si les rhétoriciens avaient leurs discours, les philosophes avaient leurs *conclusiones philosophicæ*, *conclusiones logico mo-*

(1) Remy Girard, qui fut jésuite, était fils de Jacques Girard, seigneur d'Espeuilles et de Claudine de Challemoux. A la rigueur on pouvait accoler à son nom celui d'Espeuilles, mais je ne sais pour quelles raisons il a été dit d'Aumont d'Espeuilles. Sa sœur, Jeanne, fut religieuse à la Visitation de Nevers ; son frère, Jacques, devint chanoine de Nevers ; son autre frère, Claude Marie, se fit appeler et signa *de Girard marquis d'Espeuilles.*

rales, theses ex physica, theses logicæ, theses metaphysicæ qu'ils soutenaient vaillamment en présence des magistrats et des échevins auxquels ils adressaient d'abord leurs meilleurs compliments: *Urbis Nivernensis gubernatoribus vigilantissimis.* Je me fais un plaisir de citer à ce propos un fragment d'affiche que je possède et qui est ainsi conçu :

JESU CHRISTO

CONCLUSIONES PHILOSOPHICÆ

I

Philosophia spectari potest vel secundum Etymologiam seu vim significationem que nominis, vel secundum rem ipsam seu naturam ant essentiam. Si nomen spectetur, Philosophia recte dicitur amor studium vel sapientiæ : si res ipsa attendatur, Philosophia recte definitur scientia rerum naturalium.

II

Ista définitio Philosophiam exhibet, non qualis existit apud homines, sed qualis ab hominibus, ideam rei penetrantibus, concipitur : merito quidem. Definitio enim debet explicare naturam rei, et rem definitam adæquare. Non potest autem reperiri in hominibus Philosophia adæquata seu perfecta.

III

Neminem fore arbitramur, qui serio neget existere apud homines aliquam Philosphiam. Ridendi potius quam impugnandi videntur, si qui pro certo teneant dubitendum esse de omnibus. Tamen contra homines ejus modi, si qui sunt, sic statuimus : datur aliqua saltem propositio metaphysice certa.

IV

Juxta nostram Philosophiæ definitionem... *(le reste manque.)*

Le 3 août 1680, c'est le philosophe Jean Bernardot, de Saint-Saulge qui parla.

Entre temps et spécialement en 1682, le professeur de philosophie employa Jean Allasœur, émailleur, pour faire divers ouvrages de son art, nécessaires à l'instruction de ses élèves. Invité à continuer son travail pendant l'année 1683. Jean Allassœur exposa à la Ville qu'il ne pouvait se rendre à ce désir, s'il ne jouissait des privilèges dont on favorisait ordinairement les personnes qui donnaient leur travail au public. Le 11 juillet 1683, les échevins lui accordèrent l'exemption entière des charges de la ville et cette exemption fut inscrite dans les actes du notaire Callot le 18 suivant. Le compte du receveur contient à ce sujet les renseignements suivants : *Exemption des charges publiques accordées a honorable homme Jean Allasœur, émailleur, en considération des services qu'il a rendus et rendra à l'avenir au collège de cette ville, les professeurs de philosophie ayant reconnu que cette science était spéculative, ils la pouvaient enseigner avec plus de facilité s'ils joignaient les démonstrations à leurs écrits et paroles, ce qui porta, l'an dernier, le R. P. de la philosophie de cette ville, à se servir dudit sieur pour faire divers ouvrages et machines de son art qu'il jugea nécessaire pour l'instruction de ses écoliers* (1). Il est regrettable que, jusqu'à ce jour, rien ne soit venu nous apprendre si les philosophes de notre collège étaient aussi habiles émailleurs qu'habiles discoureurs.

Le 19 juillet 1687, Jean Bourdeaux, de Nevers, traita le sujet choisi par les jésuites.

Il arriva, en 1726, qu'il y eut deux épreuves soutenues, chaque fois, par deux élèves : le 7 juin, ce sont Bernard de la Grange et Pierre Châtelain, de Nevers, qui parlèrent ; le 6 juillet, ce furent André Bonneau, de Rémilly (2), et Denis-Philibert Brune, de Nevers. Antoine Caziot, de Nevers, se distingua le 8 janvier 1727. Le 12 mars 1731, nous trouvons François Glault, de Nevers, et Pierre Bureau, de Saint-Pierre-le-Moûtier, et, le 14 décembre, François de Colons et Jérôme Vignault. Jean-Baptiste le Jault, de Nevers, et Philippe Dapremont luttent le 12 janvier 1743.

Il y avait aussi des exercices scolaires qui apprenaient ou devaient apprendre aux élèves à montrer leur savoir. J'ai rencontré un relevé, malheureusement incomplet et sans date, de ces exercices, et je pense qu'il n'est pas inutile de le faire connaître :

Exercice de Quatrième

Langue latine

Les élèves expliqueront : 1° dans César, les deux premiers livres *de Bello Gallico;* — 2° dans le *Selectæ e profanis*, les vingt premiers chapitres du 1er livre ; — 3° dans Quinte-Curce, tout le 3e livre ; — 4° dans Virgile, les 1re, 4e et 5e églogues des *Bucoliques*.

---

(1) *Archives communales de Nevers*, BB. 31.

(2) Il était curé d'Anizy, en 1743.

Dans les *Géorgiques*, du même auteur, les épisodes suivants : 1° les Prodiges arrivés à la mort de César (livre 1er, vers 424, 490); 2° sur le Printemps (livre 2, vers 323, 345); 3° Eloge de la vie champêtre (livre 2, vers 457, 474); 4° la Peste des Animaux (livre 3, vers 414, 566); 5° le Vieillard de Galése (livre 4, vers 125, 149); 6° la Fable d'Aristée (livre 4, vers 317, 465); 7° la Descente d'Orphée aux Enfers (livre 4, vers 465, 565); — 5° dans Cicéron, depuis le 6e chapitre du *Traité de l'amitié*, jusqu'au 20e inclusivement; — 6° dans Ovide, la création (1er livre), le développement du chaos (2e livre), l'âge d'or et l'âge d'argent (livre 1er), etc.

Quœstiones prœviœ de Rhetorica

Quid est rhetorica? — Quid orator? Quid noscat orator necesse est? — Quotuplex genus dicendi? — Quot partes rhetorices?

1a Pars. Unde educenda momenta ad persuadendum? — Quid loci oratorii? — Quid definitis? — Enumeratio partium? — Genus et species? — Causa et effectus? — Comparatio? — Contraria? — Circumstantiæ? — Quid Syllogismus? — Euthymema? — Sorites? — Dilemna? — Epicheremma?

2a Pars. Quot sunt orationis partes? — Quid et quotuplex exordium? — Quid exordium vitiosum? — Quid confirmatio? — Quid peroratio?

3a Pars. Quotuplex stylus? — Quid simplex? Ornatus? — Sublimis?

4a Pars. Ad quid inservit memoria?

5a Pars. Quid præcipue observandum in voce et in gestu?

Langue Française

1° Ils réciteront les odes suivantes de J.-B. Rousseau.

Dans le premier livre :

La 1re, *Seigneur, dans ta gloire, etc.*
La 2e, *Les lieux instruisent, etc.*
La 3e, *Qu'aux accents de, etc.*
La 5e *Si la loi du Seigneur, etc.*
La 7e, *Que la simplicité...*
La 10e, *Paroissez Roi des Rois...*
La 11e, *Peuples élevez...*

Dans le second livre :

La 6e, *La Fortune dont la main...*

2° La satyre à mon esprit de Boileau (1).

3° Questions sur la Narration :

Qu'est-ce que la narration? — Combien y en a-t-il de sortes? Quelles sont les qualités de la narration?

4° Sur l'Amplification :

Qu'est-ce que l'Amplification? — A quoi sert-elle? — Combien y en a-t-il de sortes?

5° Sur la Période :

Qu'est-ce que la période? Quelles en sont les parties? A quoi sert-elle? — Combien y en a-t-il de sortes? Des exemples?

6° Sur les Tropes :

Qu'est-ce que les tropes? — A quoi servent-ils? — Qu'est-ce que la Catachrèse? — la Metonymie? — la Synecdoche? — l'Hyperbole? — la Métaphore? — l'Allégorie? — l'Allusion? — l'Ironie?

7° Sur l'Histoire sainte :

Expliquez-nous la création? — Que fit Dieu pour punir les crimes des hommes? — Que fit la postérité de Noë avant de se disperser? — Qui fut Abraham? — Isaac? — Joseph? — Moïse?... jusqu'à et y compris Hérode.

8° Sur l'Histoire de l'Eglise :

Le Précis de la vie de Jésus-Christ? — Les Mystères de la Résurrection? — de l'Ascension? — de la Pentecôte? — La vie des premiers chrétiens? — La conversion de saint Paul? — Vie et mort de saint Pierre? — Le siège et le sac de Jérusalem? — Le nombre des papes et des anti-papes? — Les conciles œcuméniques? — Les Persécutions? etc., etc.

Je ne peux mieux clore ces indications qu'en citant les deux fragments suivants d'affiche, qui furent en la possession de l'abbé Boutillier :

1° *In solemnibus affixorum ludis explicabunt in collegio Nivernensi Societatis Jesu secundani, augusti diebus 19 et 20 1730, Q. Horatii Flacci opera omnia.*

Les élèves appelés à répondre étaient : Claude Nicot, François-

(1) Composée en 1667.

Robert Gascoing de Bernay, Pierre Portepain, Philibert Fougère, tous de Nevers; Guillaume Guillemain, de Corbigny; Laurent Martin, de Lavaut, nivernais.

2° *Solemni præmiorum ab illustri civitate Nivernensi positorum distributioni, exercitatione publica præludent collegii Nivernensis adolescentes lectissimi.*

Les dix-huit écoliers examinés, les 30 et 31 août 1737, s'appelaient : Antoine Gondier de la Vallée, de Diennes ; Jean-Baptiste Grillot, de Nevers ; Philibert-Nicolas Morlé, de Tannay ; Antoine Bourré, Claude Commercy de Monteau, Denis Glault, François Enfert, François Septier, Gilbert Landelle, Louis Roy, Louis-François Simonin du Vernay, Louis Gascoing de Magny, Pierre Brécat, Jean Rollet, Hugues Chambrun, Etienne Septier de Rigny, tous de Nevers ; Henry Donny, d'Aunay ; Gilbert Coquille, de Saint-Saulge.

Dans un autre chapitre, nous parlerons des exercices dramatiques.

XVI

Le prieuré de Saint Sauveur et le Grand Séminaire. — Lettres patentes du roi, janvier 1710. — Union au collége. — L'église de Saint Sauveur, l'Autel de la Grotte, etc.

Les Jésuites n'étaient pas satisfaits d'avoir seulement le collége qui leur donnait la haute main sur le civil, il leur fallait le Grand Séminaire pour avoir la haute main sur le clergé. Or, cet établissement était dirigé par les Oratoriens qui étaient suspects de Jansénisme.

Pressé par les Jésuites, l'évêque Edouard Bargedé traita avec le Grand Prieur de Cluny qui jouissait du prieuré et de la sacristie de Saint Sauveur de Nevers. *L'instruction que laisse le Père Jacques Brisson, prestre de la compagnie de Jésus, directeur et procureur du séminaire de Saint Sauveur depuis son établissement à ceux qui lui succéderont dans son employ*, traite trop bien *de ce qui a donné lieu à l'établissement du séminaire de Saint Sauveur, quel son fondateur et ce que les Jésuites ont été obligés de souffrir et de faire pour parvenir à la paisible possession dudit Séminaire*, pour que je ne lui emprunte pas les lignes suivantes :

« Messire Edouard Bargedé, évêque de Nevers, s'étant aper-
« ceu que dans le séminaire établi par Mgr Edouard Vallot, son
« prédécesseur, sous la direction des prestres de l'Oratoire on
« inspirait aux jeunes ecclésiastiques des sentiments peu ortho-
« doxes et qui favorisaient les nouveautés et les erreurs de Jan-
« sénius si justement condamnées par l'Eglise (ce qui n'a que
« trop paru dans la suite par les appels de la Constitution *Uni-*
« *genitus* que ces ecclésiastiques, devenus chanoines de la cathé-
« drale et curez du diocèse, ont interjetez au futur Concile),
« s'adressa au Roy Louis XIV de triomphante mémoire, pour
« obtenir par son moyen du Grand Prieur de Cluni la desunion
« et le demembrement du prieuré de Saint-Sauveur, membre et
« annexe du grand prieuré de Cluni, auquel ledit prieuré de
« Saint Sauveur avoit été uni sous le pontificat de Benoît XIII, sié-
« geant à Avignon, le 2 juillet 1395, ainsi qu'il paroit par la bulle
« en parchemin étant au sac des titres de l'union du prieuré de
« Saint Sauveur au collége de Nevers. Pour obtenir cette désu-
« nion il fallait dédomager le Grand Prieur de Cluni et pour y
« parvenir Mgr Bargedé pria le Roy de vouloir bien faire don de
« la prevoté de Sainte Valère de Chambon, diocèse de Limoges
« et dudit ordre de Cluni, à dom Jean Marin, Grand Prieur de
« Cluni, en dédomagement du prieuré et sacristie de Saint Sau-
« veur. Le Roy le lui accorda par son brevet du 5 avril 1709 et
« par le même brevet fit don du prieuré et sacristie de Saint
« Sauveur de Nevers aux jésuites de la Province de France pour
« y établir un nouveau séminaire d'ecclésiastiques, avec la clause
« que si la direction dudit séminaire estait ostée aux Jésuites
« tous les revenus lieux, bastiments, circonstanees et dépen-
« dances dudit prieuré et sacristie resteront unies à perpétuité
« au profit de leur collége de Nevers. Le 5 mai 1709 Mgr Bargedé
« fit son contrat avec les Jésuites pour la direction dudit sémi-
« naire après que toutes les formalités sur la commodité ou
« incommodité de la désunion du prieuré de Saint Sauveur du
« grand prieuré de Cluni et de son union au collége de Nevers
« eurent été faites (1). Mgr Bargedé porta son décret d'union le
« 4 novembre 1709. Lesdits contrats et décrets furent confirmés

(1) Tout cela ne se fit pas sans difficultés. Les Archives de la Ville de Nevers contiennent sous la cote GG, 56 divers mémoires, les uns des Oratoriens faisant valoir leurs droits et leurs titres, les autres des Jésuites alléguant qu'étant accoutumés à élever la jeunesse ils sont plus en état que d'autres de la former et que leur doctrine a toujours été approuvée *des hon-*

« par lettres patentes du roy données à Versailles au mois de janvier 1710. Le Parlement de Paris où lesdites lettres patentes « furent portées pour être enregistrées, avoit déjà donné Commis- « sion aux juges royaux de Saint-Pierre-le-Moutier pour faire de « leur côté l'information *de commodo vel incommodo*, lorsque « dom Vincent, profès de l'ordre de Cluni et procureur de Saint « Etienne de Nevers forma opposition aux informations, se « disant fondé de la procuration de dom Hugonet, procureur « général de la réforme des Bénédictins de Cluni, et nous fit « signifier avec son opposition son évocation au Grand Conseil. « Mais dom Hugonet déclara qu'il n'avait donné aucune procu- « ration pour ce. Alors toute l'abbaie de Cluni consentit à l'union « du prieuré et sacristie de Saint Sauveur au collége de Nevers. « En conséquence les lettres patentes furent enregistrées au « Parlement le 18 mai 1711. »

Les lettres patentes de janvier 1710 intéressant en somme le collége de Nevers, je crois de mon devoir de les insérer ici ;

« Louis, par la grâce de Dieu Roy de France et de Navarre, à « tous présents et advenir salut,

« Nostre aîné et féal conseiller en nos conseils le sieur « Edouard Bargedé, évesque de Nevers, nous a très humblement « remontré que ses prédécesseurs evesques de Nevers auroient « souhaité d'establir un séminaire dans le prieuré de Saint-Sau- « veur, ordre de Clugny, comme le lieu de la ville le plus propre « à cet effet estant situé proche le palais épiscopal, ce qu'ils n'ont « pu exécuter faute d'un dédomagement suffisant à l'ordre de « Clugny, le suppliant ayant esté pourveu à cet evesché et aussi « connu la nécessité de lestablissement d'un nouveau seminaire « dans ledit prieuré où les jeunes clers et ecclésiastiques de son « diocèse pourroient recepvoir l'éducation et instruction néces- « saires pour se perfectionner dans les saintes fonctions de leur « état, le suppliant se seroit adressé à Nous pour en obtenir la « Prevoté de Sainte-Valere de Chambon, de l'ordre de Clugny, « dioceze de Limoge, dont la nomination nous appartenoit par « sa vacance, pour être uni audit grand prieuré et audit ordre au

---

nêtes gens. Les Oratoriens répliquèrent que leur doctrine n'était pas moins sûre que celle de Jésuites mais ils durent s'incliner devant les décisions de l'évêque et les lettres patentes d roi du mois de janvier 1710. Déjà à cette époque les honnêtes gens seuls étaient avec le Jésuites ou plutôt les Jésuites étaient seuls des honnêtes gens ; les autres, parmi lesquels le Oratoriens et les chanoines de la cathédrale, n'étaient que de la canaille.

« lieu de prieuré de Saint-Sauveur qui en seroit désuny pour « y estre estably un nouveau séminaire et nous auroit en mesme « temps remontré qu'il avoit cru ne pouvoir rien faire de mieux « pour le succès de cet établissement a ladventage de son diocèse « que de confier la direction dudit séminaire aux Pères de la « compagnie de Jésus qui font les mêmes fonctions dans un grand « nombre d'autres diocèzes avec édification ayant tous les talents « nécessaires pour un si saint ministère. Et comme nous n'avons « rien de plus à cœur que de contribuer à la manutention de la « discipline ecclésiastique ce qui nous a fait rendre divers édits « et déclarations conformément au Concile de Trente pour per- « mettre aux archevesques et évesques d'établir des séminaires « dans leurs diocèzes et chercher des moiens de pourvoir à la « fondation ou dotation d'yceux par union de bénéfices, assigna- « tions de pensions ou autrement, nous aurions accordé notre « Brevet du 5e apvril dernier par lequel Nous aurions fait don de « ladite prevoté de Sainte-Valére de Chambon, diocèze de Limoge, « au Grand prieur de l'ordre de Clugny pour estre demeuré uny « à sondit grand prieuré ainsi que lestoit ledit prieuré de Saint- « Sauveur de Nevers et ce pour dédomager de ledit grand prieuré « de l'ordre de Clugny dudit prieuré de Saint-Sauveur de Nevers « dont le titre serait esteint et supprimé avec celui de la sacristie « dudit prieuré *pour estre les droits, fruits et revenus, biens, basti- « ments et dépendances unis à perpétuité au collège des Pères Jésuites « de Nevers* et emploiés à la nourriture et entretien des Pères « Jésuites qui seront destinés au gouvernement et direction dudit « nouveau séminaire, en conséquence duquel brevet le suppliant « auroit passé contrat le 25 may de la précédente année avec le « Père Joseph Benjamin Brassin, prestre, religieux de la com- « pagnie de Jésus, fondé de la procuration générale et spéciale « du Père Louis Clavier, provincial de la compagnie en la pro- « vince de France, et le Père François Morin, Recteur du Collège « de Nevers, par lequel contrat ledit sieur evesque de Nevers a « estably ledit nouveau séminaire dans le prieuré de Saint-Sauveur « de Nevers pour servir à l'éducation et instruction des jeunes « clercs et ecclésiastiques de son dioceze sous les ordres et la di- « rection desdits Pères Jésuites avec clause que *le cas arrivant « dans la suite que la direction dudit séminaire fut ostée auxdits « Pères Jésuites, tous lesdits revenus, biens, bastiments, circons- « tances et dépendances dudit prieuré de Saint-Sauveur et sacristie « d'iceluy resteront unis à perpétuité au profit de leur collège* de

« *Nevers,* et d'autant que les revenus dudit prieuré et sacristie n
« sont suffisants pour l'entretien dudit séminaire, constructio
« et entretien des bastiments et achapt de meubles, le supplian
« a l'intention d'augmenter la fondation dudit seminaire pa
« l'union de quelques autres bénéfices et par des acquisitions
« donations et legs qu'il pourra procurer jusqu'à la somme d
« trois mille livres de revenu, et qu'il ne seroit pas convenabl
« que si dans la suite des temps ses successeurs evesques de Ne
« vers estimoient à propos de confier à une autre communaut
« la direction de leur séminaire, on ostat auxdits pères Jésuites
« qui auroient supporté toutes les dépenses de son établissemen
« les revenus qu'ils auroient contribué d'y procurer, *il avoit cr*
« *qu'il étoit juste qu'ils restassent au collège desdits Pères Jésuit*
« *de Nevers pour estre emploiés à l'entretien et nourriture de deu*
« *régents de théologie, l'un de scolastique et l'autre de morale dai*
« *ledit collège et des autres Pères et régents d'iceluy, ce qui a ain*
« *esté exprimé dans ledit contrat,* en conséquence duquel et c
« nostre Brevet ledit suppliant a interposé son décret de dés
« nion, distraction et demembrement de tous les droits, fruits
« revenus, lieux, bastiments et dépendances dudit prieuré c
« Saint-Sauveur de Nevers dépendant du grand prieuré de Clu
« auquel il avoit été ci-devant uny et il auroit esteint et supprin
« le titre dudit prieuré et sacristie d'iceluy, auroit uny et incorpo
« iceux à perpétuité au collège (1) desdits Pères Jésuites de Neve
« pour lesdits fruits et revenus estre employés à la nourritu
« des supérieurs et directeurs de ladite compagnie qui sero
« destinés au gouvernement dudit nouveau séminaire estab
« dans ledit prieuré de Saint-Sauveur, et d'autant qu'il est n
« cessaire que l'establissement et erection dudit nouveau sén

(1) Dans son instruction, dont j'ai dit un mot ci-dessus, le Père Jacques Brisson, en par de l'union du prieuré de Saint-Sauveur, fait cette réflexion : « Quoique la procédure d'ur soit aussi régulière qu'elle peut l'estre si cependant quelque dévolutoire l'attaquait un jour ne conseillerois pas de la produire au procès, parce qu'il y a tant de formalités à obse pour l'union d'un bénéfice qu'on ne manqueroit pas de la déclarer abusive en cas qu'on manqué à la moindre de ces formalités dont le deffault ne pourroit estre couvert par le laps temps, fut-il de cent ans, car c'est un axiome de droit que l'abus ne se couvre jamais pa paisible possession, fut-elle de cent ans, mon avis seroit donc de ne produire que le Breve Roy, les lettres patentes et l'arrest d'enregistrement où toutes les procédures et pièces né saires sont rapportées, parce que ne produisant que ces trois pièces qui n'ont aucun défau que surtout la dernière déclare qu'il a examiné toutes les pièces et trouvé tout dans l'ordre juges ne procèderont pas à un nouvel examen suivant cet axiome *non bis in idem* et mettroient hors de cause et de procès. »

« naire soient de nous autorisées, confirmées, le suppliant nous « a requis nos lettres patentes sur ce nécessaires.

« A ces causes et autres nous mouvant, de l'advis de nostre « Conseil qui a veu nostre brevet du 5e apvril de la présente « année, le contract de l'établissement et érection dudit nouveau « séminaire dans ledit prieuré de Saint-Sauveur du 25 may der- « nier, le décret de désunion et extinction des titres dudit « prieuré de Saint-Sauveur et sacristie d'icelui et d'union d'iceux « à perpétuité au Collège des jésuites de Nevers rendu le 4 no- « vembre dernier, après avoir observé les formalités en tel cas « requises sans aucune opposition, le tout cy attaché avec ledit « décret sous le contrescel de notre chancellerie, de notre grace « spéciale pleine puissance et authorité royale, en confirmant « ledit Brevet nous avons loué, authorisé, confirmé et approuvé, « et par ces présentes signées de nostre main louons, confirmons, « authorisons et aprouvons, l'érection dudit nouveau séminaire « dans le prieuré de Saint-Sauveur de Nevers et décret de désu- « nion et extinction des titres et union qui a été faite par ledit « évesque de Nevers dudit prieuré de Saint-Sauveur et sacristie « d'iceluy au collège des Pères jèsuites de Nevers pour en être « les fruits et revenus indéfiniment emploïés à l'entretien et « nourritures des jésuites qui seront destinés par leurs supérieurs « au gouvernement et direction dudit séminaire et d'autant que « les revenus du prieuré et sacristie de Saint-Sauveur ne sont « pas suffisants pour l'entretien de supérieurs etdirecteurs dudit « nouveau séminaire pour faire construire et entretenir les basti- « ments convenables pour leurs logements, nous leur permettons « par ces présentes d'en augmenter les fonds et revenus jusqu'à « la somme de trois mil livres, quittes de charges, par union de « bénéfices, assignation de pension et autres voies permises par « les conciles et les ordonnances. Voulons pour cet effet que « ledit nouveau séminaire puisse accepter tous les legs, donna- « tions et fondations, acquérir, tenir et posséder toutes sortes de « fonds, droits, héritages, rentes et possessions jusqu'a la con- « currence de ladite somme, lesquelles aussy bien que ledit « prieuré et sacristie de Saint-Sauveur le cas arrivant que les « successeurs du suppliant otassent la direction dudit nouveau « séminaire auxdits Pères jésuites, resteront unis et acquis au « profit dudit collège de Nevers et emploiées à la nourriture et « entretien de deux régents de théologie dans ledit collège et des « autres pères et régents d'iceluy. Voulons, en outre, que lesdits

« supérieurs et directeurs jésuites dudit nouveau séminaire de « Saint-Sauveur jouissent de tous les privilèges que nous et nos « prédécesseurs Roys ont accordé aux autres séminaires de nos- « tre royaume, pourvu toutefois que dans ledit établissement et « union il n'y ait rien de contraire aux libertés de l'église galli- « cane et aux saints canons. Si donnons en mandement à nos « amés et féaux conseillers les gens tenant nostre cour de Parle- « ment de Paris et à tous autres nos justiciers et officiers qu'il « appartiendra que les présentes ils aient à faire enregistrer et « du contenu en icelles faire jouir et user ledit nouveau sémi- « naire et ledit collège des jésuites de la ville de Nevers pleine- « ment, paisiblement et perpétuellement, cessant et faisant « cesser tous troubles et empiètements contraires car tel est nos- « tre plaisir et afin que ce soit chose ferme, stable et à toujours « nous avons fait mettre notre scel. Donné à Versailles au mois « de janvier mil sept cent dix. »

Je possède de nombreux et fort intéressants renseignements sur « l'état où estoient les bastiments de la ville et de la campagne du prieuré de Saint-Sauveur dans le temps que les jésuites en ont pris possession », ainsi que sur l'église, mais ils appartiennent plutôt au séminaire qu'au collège. Je les utiliserai peut-être un jour. Je dirai seulement que dans l'église les jésuites firent construire un nouvel « autel de la grotte en forme de tom- « beau dans lequel nous fîmes placer la figure de pierre qui repré- « sente notre seigneur dans le sépulcre et nous avons fait faire le « tout à nos dépens. Cet autel ainsi construit nous sert pour les « cérémonies du jeudi, vendredi et samedi saint. On suspend « sous la pierre dudit autel le saint-ciboire où est notre seigneur, « on pare l'autel en noir avec un crêpe devant la statue de notre « seigneur, on y chante la passion de notre seigneur à trois chœurs « pendant les trois jours à huit heures du soir, ce qui attire la « dévotion du peuple qui y vient en foule et à neuf heures du « soir on ferme l'église après en avoir fait sortir le peuple. » Dès 1725 les jésuites s'intitulent « supérieurs et directeurs du séminaire fondé par le roy très chrétien Louis quatorze, de triomphante mémoire, dans le prieuré de Saint-Sauveur de Nevers et en cette qualité de tous les droits des prieurs et sacristains dudit Saint-Sauveur. »

Je dois également passer sous silence les tracasseries, vexations, persécutions, procès qu'ils firent au curé de Saint-Sauveur afin de ne pas réveiller des haines, qui semblent éteintes aujourd'hui. Même pendant les enterrements les jésuites troublèrent le curé dans ses fonctions. (1)

CHAPITRE XVII

Second régent de philosophie. Distribution de prix; spécimen de l'inscription placée à l'intérieur des livres distribués. Les Pères Terrasse-Desbillons, Gresset, Bougeant. Protestation des échevins. Un rhétoricien noyé. *Triparcus, drama comicum, personæ et actorum nomina* Un curé de Préporché. Renvoi des Jésuites, 1761. Mémoires des officiers du bailliage et des échevins en faveur des Jésuites. Avis de l'Univerté. Les officiers du présidial de Saint Pierre envoyés à Nevers. Installation du principal et des régents. Visite des bâtiments; les Jésuites sont toujours là; un mur de construction nouvelle empêche l'usage de l'Eglise et interdit l'entrée ordinaire du collège aux élèves. Ordre de démolir ce mur. Les vases sacrés, ornements, argenterie, etc., appartenant au collège ont été enlevés et déposés chez le sieur Pannecet, notaire, qui n'en a donné aucune décharge. Etat des revenus du collège; le séminaire; professeurs de philosophie. Réquisitoire du Procureur du roi.

Le 15 mars 1724 les échevins, sur la demande du Père de Bonneuil, recteur, approuvèrent la création d'un second régent de philosophie « pour enseigner la physique », avec un traitement annuel de 500 livres, et constituèrent une rente de 200 livres pour distribuer solennellement des prix aux écoliers à la condition que les Jéluites examineront *les thèmes* pour les prix avec un commissaire nommé par la ville et le Procureur du roi. Ils consentirent de plus à accorder aux Pères 225 livres d'augmentation de pension pour *rédimer* la ville des prétentions des Pères pour le passé.

Insuffisamment satisfaits, les Jésuites adressèrent une réclamation aux échevins qui répondirent, le 8 août 1725, que le terme *rédimer* ne regardait que le passé et non l'avenir. Ils en appelèrent à l'Intendant et étendirent leurs prétentions. La ville délibéra le 8 septembre et décida qu'elle accorderait 500 livres au deuxième régent de philosophie, 200 livres à perpétuité pour les prix à distribuer publiquement chaque année (2), et, pour une fois, 500 livres pour « l'accommodement » de la classe nouvelle.

(1) Archives communales de Nevers, bb. 124.

(2) Le tout à prendre sur les anciens octrois et deniers patrimoniaux.

La délibération fut conforme aux désirs de l'Intendant qui l'homologua et fut suivie de lettres patentes du roi en date du 17 juillet 1726, registrées à la Cour des Comptes le 9 août.

La nouvelle classe de philosophie avait été ouverte le 20 mars 1726 et, vers la fin de l'année, le R. P. Alexandre Roger, recteur, réclama aux échevins :

1° 500 livres pour frais de contrôle, insinuation, arrêt du Conseil, voyages, etc.;

2° 500 livres pour la construction de la nouvelle classe;

3° 500 livres pour la pension du professeur;

4° 200 livres pour achat des prix qui ont été distribués cette année aux frais de Monseigneur l'Evêque qui a bien voulu en faire la dépense, afin que cette somme soit employée, cette année, à l'acquisition des planches nécessaires à la construction et décoration du théâtre de la tragédie qui se fera pour la distribution solennelle desdits prix.

Je n'ai pas eu connaissance de la délibération prise au sujet de cette demande, mais je suppose que, comme toujours, la ville fut obligée de s'incliner et paya les 500 livres réclamées pour frais, voyages, etc.

En souvenir de la libéralité faite par la ville, les Jésuites voulurent bien que, lors de la distribution solennelle des prix, le Maire ou, en son absence, le premier échevin décernât en personne le premier volume et donnât à l'écolier la couronne et l'accolade habituelles (1). Je suis heureux de pouvoir donner ci-après un specimen de l'inscription qui était placée à l'intérieur des livres distribués, livres qui portaient en outre, sur les plats, les armes de la ville de Nevers (2).

---

(1) Parmentier, Archives de Nevers, t. 1, p. 316.

(2) Au moment du retour des Jésuites et encore longtemps après cette époque, c'était le Préfet des études qui écrivait lui-même l'attestation de l'obtention des prix, en cette forme (année 1609) :

JESUS, MARIA, JOSEPH

Ego infrascriptus collegii Nivernensis Societatis Jesu Studiorum præfectus testor, ingenuum adolescentem Johannem Lacollancelle *in tertia primum solutæ orationis latinæ præmium meritum, et consecutum fuisse; hocque libro, in publico solemnique theatro, spectante ingenti, numerosaque populorum frequentia, astante celeberrima virorumillustrium corona, et applaudante liberatorum hominum, insignique doctrina, et eruditione, præditorum concessu summa cum omnium laude, gratulatione plausu et admiratione donatum fuisse. In cujus rei fidem, nomen meum cum sigillo collegii nostri apposui. die quarta mensis septembris, anno Domini millesimo sexcentesimo sexagesimo nono.*

D. ROUSSEL, Soc. Jes.
stud. præf.

EX MUNIFICENTIA

NOBILISSIMÆ CIVITATIS NIVERNENSIS

QUÆ PRÆMIUM POSUIT

IN PERPETUUM AUDITORIBUS

IN COLLEGIO SOCIETATIS JESU,

Ingenus Adolescens *Ludov, franciscus de La Thuillerie*

Palmare hoc Volumen 1^{m} solutæ ovationis *Latinæ præmium*

In quartâ ejusdem Collegii Schôla meritus & Consecutus est

Die 27^{a} mensis Augusti anno 1741

Cujus rei fidem facio Chirographo meo Sigilloque Collégii

J. G. Le Planquoys s. p.
Studiorum Præfectus

(Sceau)

Au mois de mai 1727 on donna au collège une pièce qui, peut-être, porta le nom de « Themistus » et dont une affiche, « ex typographia Renati Pinardeau », nous a conservé le nom des personnages et des auteurs :

THEOTIMUS } *filii Themisti* . . .	de Béze Dugué, Tannaius.
IRENŒUS } *filii Themisti* . . .	Jacob. Dominic. Chaillot, Nivernus.
CHARINUS, *frater Themisti*	Petrus de Soulangy de Saulieu, Nivernus.
PHILOCLES, *frater Themisti bellator* . . .	Claudius Prisye du Ris, Nivernus.
CMEOMACLUS, *Themisti amicus*	Carolus Rousseau, Nivernensis
PHAMPHILUS } *filii Cléomachi* . . .	Jacob. Saulieu de Chomonery, Nivernus.
EUDOXIUS } *filii Cléomachi* . . .	Jean. Joseph. de Beze de la Belouze, Nivernus.
TIMANDER, *afinis Themisti*	Petrus Salonnyer Duperon. Nivernus.
PHRONYMUS, *Themisti vicinus*	Ludovicus de la Planche, Deciziacus.
CHRYSALDUS, *senex eruditus*	Franciscus Cortet, Œduensis.
POLYDORUS, *Theotimi et Irenœi moderator*.	Petrus du Ruisseau, ex Molins-Engilb.
ERASTUS, *Pamphili et Eudoxii moderator*.	Guillelmus Potier, Charitœus.
TRIPODUS, *artis saltatoriœ magister* . . .	Stephanus la Combe, Tutelensis.
MENIPPUS, *servus Themisti*	Petrus Salonnyer de Nion, Nivernus.

Deux ans plus tard nous trouvons au collège, comme professeur de rhétorique, le Père Terrasse-Desbillons, alors à peine âgé de dix-huit ans. Né à Châteauneuf, en Berry, dans l'année 1711, il entra chez les Jésuites à quatorze ans. Il avait, paraît-il, une mémoire prodigieuse. Pendant la dernière année de son séjour à Nevers, en 1731, ses élèves jouèrent, le 16 janvier, sa petite pièce intitulée « Vota » (1).

D. O. M.

VOTA

FABULA

exhibebitur a selectis rhetoribus

collègü Nivernensis Societatis Jesu

Personœ	*Actorum nomine*
JUPITER	Joan Bapt. Febvre, Nivern
MERCURIUS	Francis-Stephanus de Colons. Nivern.
MOMUS.	Hieronim. Viguault, San Salviensis.
SOPHRONIMUS, *fortunœ sacerdos*	Item.
POLICRRONIUS, *senex*	Joannes Lespinasse du Pavillon, Conian.
ASTROLOGUS, *philosophus*.	Henri Lespinasse de Planchevienne, N.
EUGENIUS, *scholasticus*	Joann. Lud. Pierre de Chanrobert, Niv.
PARMENO, *servus*	Claudius Franciscus Levesque, Niv.
ARISTUS, *veterator*.	Andreas Léonerdus Caziot, Niv.
NOSOPHISUS, *medicus*	Joannes Bap. Caffary, Niv.
PHILOMACUS, *miles*.	Stephanus Blayet, Nivern. (2)
MANOTROGUS, *cerdo*	Jacob Ludovicus Coquille, Niv.
PAMŒTAS, *villicus*	Claudius Gabriel Ollivier, Niv.

(1) Mémoires de la Société des Antiquaires du Centre, 1886-87. Il passa ensuite à Caen, puis à La Flèche et se livra uniquement à la poésie. Il dut surtout sa réputation à ses fables

Le Père Terrasse-Desbillons fût-il à Nevers le collègue de Gresset? C'est un point que je n'ai pu éclaircir. Tous nous connaissons Gresset et j'ai été fort aise d'habiter la rue qui rappelle son nom. Peut-être que celui qui

..... dévoila les mystères secrets
L'art des parloirs, la science des grilles,
Les graves riens, les mystiques vétilles

des Visitandines, méritait d'illustrer une rue plus belle. Quoiqu'il en soit, il ne fut guère Jésuite, quitta l'ordre en 1733, à l'âge de vingt-quatre ans, et publia presqu'aussitôt ce *Vert-Vert* que nous aimons tant à relire.

Il paraît aussi que Guillaume-Hyacinthe Bougeant professa au collège de Nevers. Né à Quimper en 1690, mort en 1743, il exerça sa verve contre les adversaires de la bulle « Unigenitus », dans trois pièces de théâtre : *La Femme Docteur*. le *Saint Déniché, les Quakers français*, et publia, en 1735, le *Voyage merveilleux du prince Fanférédin dans la Romanie*. Son *Amusement philosophique*, portant la date de 1739, est un badinage sur le langage des bêtes, et son *Histoire du traité de Wesphalie* est encore appréciée dans un certain monde.

C'est le 17 janvier 1733 que le R. P. François Martin demanda à faire « couper les arbres modernes et les taillis du quart de réserve » des bois du collège afin de rembourser, dit-il, ce qu'il en a coûté pour faire les réparations nécessaires à l'église et aux bâtiments.

Jamais satisfaits, les Jésuites adressent à la ville des réclamations auxquelles les échevins répondirent, le 15 février, par un mémoire à l'Intendant de Moulins, mémoire dans lequel on lit : « Si l'on consulte tous ceux qui ont consenti et signé la déli-
« bération du 15 mars 1725, l'on verra que jamais ils n'ont
« entendu donner aux Pères Jésuites que la somme de 700 livres,
« savoir : 500 livres pour le régent de philosophie et 200 livres
« pour les prix, le surplus qui est énoncé dans ladite délibération
« est une surprise ou un vice du secrétaire. D'ailleurs, cette déli-

latines qui devinrent classiques et eurent plusieurs éditions, parmi lesquelles : *Fabularum Œsopiarum libri quinque priores diligenter emendati*. Parisiis, 1759, in-12. Après le renvoi des Jésuites, il habita Mannheim, en Allemagne, où, dit-il, le Rhin est large comme la Loire à Nevers.

(2) En 1740, il devint curé d'Apremont.

« bération a été consentie sans que l'affaire ait été distribuée et
« entendue. Les postérieures délibérations justifient que les
« Pères Jésuites se préparaient des moyens pour faire les
« demandes qu'ils forment aujourd'hui. La ville est en état de
« redemander aux Pères Jésuites les entrées des vins, des tailles
« et autres droits que l'on a mal à propos pour eux payés. »

Le 9 juillet 1733, les registres de la paroisse de Saint-Genes
contiennent cette inscription : « Inhumation de Jean Salin, éco-
« lier de rhétorique, paraissant âgé d'environ dix-sept ans, ori
« ginaire de Sancoins, s'étant, par accident, noyé en se baignan
« dans la rivière, le 7 courant. On assure que ledit jour il s'étai
« confessé et avait communié dans l'église des Pères Jacobin
« pour gagner l'indulgence accordée à la cérémonie de la béatifi
« cation de la bienheureuse Catherine de Ricci. » (1)

Que ne dirait-on pas aujourd'hui sur le manque de surveil
lance, si pareil accident était arrivé dans notre Lycée? Peut-êtr
causa-t-on un peu, c'est possible, mais on ne pouvait pas dir
grand chose sur des hommes qui se croyaient tout puissants
Parmentier raconte cependant que, depuis de longues années, le
Jésuites écrasaient la ville du poids de leurs privilèges et s'étaien
rendus « incommodes » par la multiplicité de leurs demandes. (2
Des procès perpétuels fatiguèrent la Ville qui, croyant enfin s
débarrasser, s'engagea, le 6 mars 1737, à leur payer *3.000 livre
de pension et 200 livres pour les prix*. Nous avons vu ailleurs, e
spécialement à propos du domaine de l'Ermitage, que les Jésuite
obtinrent, en sept ans, de 1744 à 1751, 7.200 livres de subven
tions diverses (3) et cependant ils ne payaient pas largement le
gens qu'ils employaient (4), mais ils amusaient le public. L
mercredi 4 septembre 1748, jour de la distribution des prix, il
donnèrent un drame comique en latin, un drame comique e
français et une pastorale allégorique sur la paix, dont voici
programme :

(1) Archives Communales de Nevers, GG. 94.

(2) L'évêque Charles Fontaine des Montées (1719-1740) leur montra beaucoup d'indif
rence.

(3) Archives Communales de Nevers, BB. 43; CC. 211, 326.

(4) Le docteur Raboin recevait douze livres par an; son successeur, en 1742, le doct
de Gautiere, recevait la même somme; cependant, l'année suivante on lui accorda douze liv
de plus, « à raison des maladies longues et extraordinaires dans le cours de ladite année

I

Morosophus

Drama comicum
dabitur
A Selectis secundanis
Collegii Nivernensis
Societati Jesu
Personæ et Actorum nomina

Morosophus, *philosophus*	Jacobus Parent, Nivernensis.
Œschinus } *Morosophi amici*	Ludovicus Joubert, Nivern.
Ctesipho } *Morosophi amici*	Petrus Dameron, Nivernensis.
Lyconides } *juvenes*	Joan. Bapt. Courtois, Bituric.
Eutichus } *juvenes*	Joan. Rousset, Nivernensis.
Cleomachus	Joan. Bapt. Baudot, Charitœus. (1)
Rondibilis	Henricus Laurent, Nivernus.
Polymates, *philosophus*	Ludov. Lhermitte, Nivernus.

Scœna pro Œdibus Morosophi

Prologus dicet :
Ludovicus Lhermitte, Nivernus.

Epilogum :
Henricus Laurent, Nivernus.

II

Pastorale allégorique sur la Paix

Daphnis triomphant

Daphnis	Charles Girard, de Prémery. (2)
Tityre	Jacques Dominique Chaillot de la Chasseigne, de Nevers. (3)
Coridon	Jacques Sébastien Dubois, de Moulins.
Mœris	Joseph Gestat du Breuil, de Nevers.
Alexis	François le Roy, de Paris.
Tyrsis	Laurent-Charles Chambrun de Vauvreille, de Nevers.
Mopsus	Pierre-François de Cernuschi, de Saint-Brieuc.

(1) Il figurera dans le drame français plus tard ; sera docteur en médecine à La Charité et docteur de valeur.

(2) Il fut avocat, lieutenant de la justice du comté de Prémery, dépendant de l'évêché de Nevers.

(3) Il devint Trésorier de France en la Généralité de Moulins.

III

Drame comique

L'Enfant gaté

Polémon, père de Mignonet	Jean-Baptiste Baudot, de La Charité.
Ledoux, beau-père de Polémon.	Henri Heron, de La Charité.
Mignonet, enfant gâté.	Charles Girard, de Prémery.
Eugène, frère de Mignonet	Casimir Thevenau, de Saint-Saulge.
Beaupré, capitaine de vaisseau	Edme Tricot, de Nevers.
Carelle, ami de Mignonet	Joseph Charamon, de Nevers.
Grocnac, valet de chambre de Ledoux . .	Joseph Guillier, de Moulins-Engilbert.
Drolinet, valet de Ledoux	Gilbert Gestat des Boistiaux, de Nevers.

Le Prologue sera dit par Edme Tricot, de Nevers

Je laisse à mes lecteurs le soin d'épiloguer sur les noms de[s] personnages de ces diverses pièces, spécialement sur ceux d[u] drame d'*Entant gâté* et de se demander si les acteurs ont donn[é] toutes les satisfactions désirables à leur famille et à leur pays.

En fouillant, certain jour, les Archives de la Nièvre, j'a[i] découvert un volume qui me donna d'abord des émotions, mai[s] qui ne tarda pas à me désillusionner. Les deux premiers feuillet[s] seuls étaient imprimés. Le reste du papier était écrit à la mai[n] par un Jésuite quelconque, et ne contenait que des détails ins[i]gnifiants de redevances diverses, de boucherie, etc.

Voici le contenu des deux premiers feuillets :

TRIPARCUS

DRAMA COMICUM

DABITUR A SELECTIS SECUNDANIS

COLLEGII NIVERNENSIS

SOCIETATIS JESU

Die 26 Martii hora tertia post meridiem

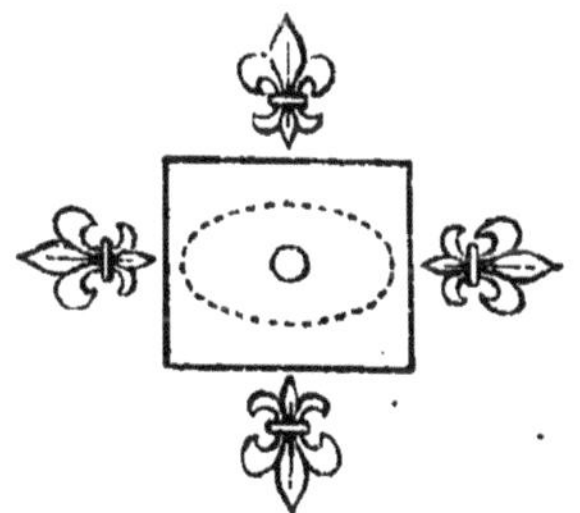

NIVERNI

Ex Typographia LUDOVICI LE FEBVRE, Collegii Nivernensis Societatis Jesu, Typographi

M. DCC. LIV.

TRIPARCUS

DRAMA COMICUM

Personæ	*et Actorum Nomina*
ŒSCHROKERDES, *Triparcus,*	Bernadus Rameau, Nivernus.
THEOTIMUS, *Frater Triparci,*	Josephus Joly, Niv.
CHRYSORIUS, *Fœnerator,*	Car. Nic. Barbier de Limmonnet, Niv.
CHRITOBULUS, *Amicus Theotimi,*	Marcellus Durand, Niv.
VALERIUS, *Triparci Filius,*	Ludovicus Gasque Chambrun, Niv.
EUGENIUS, *Filius alter,*	Gilbertus Flamen d'Assigny, Niv.
VANILOQUIDORUS, *Ludi Magister,*	Carolus Nicolaus Barbier de Limmonet, Niv
NUGIPOLA, *Librarius,*	Petrus Ludovicus Le Febvre, Niv.
ARGENTI-EXTEREBRONIDES, *Amicus Triparci,*	Petrus Ludovicus Le Febvre, Niv.
OXYCRATES, *Archimagirus,*	Stepgan. Chambrun-Mousseau, Niv.
HIPPODAMUS, *coquus et auriga,*	Nicolaus Servais, Niv.
DAVUS, DROMO, *servi,*	Martinus Boizeaux, Niv.
TROTINELLUS, *servus Valerii,*	Joan. Bap. Piquet de la Tour, Niv.
PYRACMON, *Faber Ferrarius,*	Michael Ducret de Villaine, Niv.
AGRIO, *Rusticus,*	Franciscus Revary, Niv.

Prologus

MICHAEL DUCRET DE VILLAINE, Nivernus.

Fabulam excipiet præmiorum distributio.

Examinons le nom de la pièce et les noms des personnages :

Triparcus, signifie, en latin, *Trois fois chice* (Tri-parcus.)

Œskrokerdes, adjectif grec signifiant *avare* (*aiskros,* honteux; *kerdos,* gain.)

Theotimus, nom propre grec voulant dire *qui honoré Dieu.*

Chrysorius, nom propre formé sur le mot grec *chrysos, l'or*; qui entasse l'or, usurier.

Chistobulus, veut dire *Fidèle au Christ, Christos* et *Boulomai,* je veux.

Valerius, nom propre qu'on trouve dans les comédies latines.

Eugenius, vient du grec et signifie littéralement *bien né.*

Vaniloquidorus, formé des mots latins *vanus loqui, qui dit des paroles vaines,* hableur.

Nugipola, du latin *nugœ, bagatelles,* et d'une racine grecque *pôlein, vendre, qui vend des futilités,* menteur?

Argenti-Exterebronides, formé du latin *argentum, argent,* et d'une terminaison grecque *exterebio, retirer en creusant,* c'est-à-dire *déterreur d'argent, soutireur d'argent, escroc?*

Oxycrates, des racines grecques *oxys, vif, crato, je commande;* peut-être ce maître cuisinier aimait-il à parler sec.

Hippodamus, signifie en grec *dompteur de chevaux.*

Davus, niais; Dromo, coureur.

Trotinellus, formé probablement sur le français *trottiner.*

Pyracmon, du grec *pyr* feu, et *acmon* enclume. C'était un Cyclople de Vulcain. (1)

Agrio, du grec *agros* ou du latin *ager*, champ; homme des champs, paysan?

Si j'en juge par le seul personnage d'Hippodamus, cuisinier et cocher comme Maître Jacques de l'*Avare*, Triparcus devait présenter certaines ressemblances avec cette comédie de Molière, mais j'ajoute bien vite que je n'affirme rien. Quoi qu'il en soit, les Jésuites captaient aussi bien le public par leurs sermons que par leurs représentations théâtrales et ne manquaient pas, depuis que la bourse de la Ville leur avait été si largement ouverte, d'adresser aux échevins leurs compliments les plus touchants au renouvellement de chaque année. Le R. P. Nicolas le Petit, recteur, s'ucquitta de ce devoir, le 1 janvier 1757, avec toute l'onction désirable et termina sa harangue par cette phrase qui mérite d'être conservée : « Si la reconnaissance des bienfaits passés est « un titre pour en mériter de nouveaux, que n'avons-nous point « à nous promettre pour l'avenir. » Les Jésuites, disait le cardinal Fleury, sont de nouveaux maîtres, mais on en peut faire d'utiles instruments. J'aurais tort de porter sur eux un autre jugement et je me permets d'ajouter qu'ils ne formaient pas de bons élèves dans leur Grand Séminaire. Ce n'est pas sans une malicieuse satisfaction que je reproduis, comme preuve, le discours suivant, inscrit sur la feuille qui précède les naissances et les mariages de l'année 1758 de la paroisse de Préporché, discours qui fût certainement prononcé avec la plus grande émotion par le curé Gaucher, à l'arrivée de son évêque : « Monseigneur, « chargé du troupeau qui fait un des objets de vos veilles et de « votre sollicitude pastorale, auquel Votre Grandeur m'a préposé « pour adresser chaque jour au Seigneur des vœux et des prières « pour lui que celle d'un prélat autant chéri de Dieu que de ses « peuples nous rendent propices : qu'il me soit permis de vous

---

(1) Ces Cyclopes étaient : BRONTÈS, le bruyant; STEROPÈS, l'étincelant, et PYRACMON, le conducteur de feu.

« témoigner en ce jour d'allégresse ainsi qu'à l'illustre companie « qui vous environne en vos travaux, sa joye et sa reconnaissance « des marques d'amour et des grâces qu'il reçoit du premier de « ses pasteurs recommandable partout ce qui peut illustrer un « prince de l'Eglise dont la conservation et la mémoire puisse « durer aussi longtemps que dureront les vœux et les souhaits « du troupeau et du pasteur. »

XVIII

Renvoi des jésuites. — Les échevins s'opposent à leur départ. — Les officiers du baillage font de même et affirment qu'un collège de prêtres réguliers est impraticable. — Rapport contraire. — Opinion de l'Université. — Le lieutenant-général du présidial de Saint-Pierre, Vyau de Baudreuille, installe de nouveaux maîtres, visite les classes. — Son rapport. — Le procureur du roi, Sallonnyer de Faye, agit au sujet des vases sacrés et ornements disparus. — Le notaire Pannecet se dit dépositaire. — Comparution des jésuites devant le lieutenant-général — Inventaires divers; situation financière du collège. — Professeurs; subsistance des anciens maîtres, informations contre les recels, détournements, etc. — Bibliothèque. — Liste des Recteurs.

A la suite de mauvaises affaires commerciales, d'une banqueroute, disons le mot, les jésuites furent chassés de Portugal en 1759 (1). Très faiblement défendus en France, une déclaration du roi, du 2 août 1761, ordonna que dans les six mois les Supérieurs de chacune des maisons de la société de Jésus seraient tenus de remettre au greffe du Conseil, les titres de leur établissement. Quatre jours après, un arrêt du Parlement défendit à tous les sujets du roi de France d'entrer dans la société de Jésus et aux jésuites de recevoir dans leurs maisons de France aucun étranger. Les Pères Maurice-Joseph Bourdas, recteur ; Jean Olivier, prédicateur; Jean-Baptiste Machabée Ametille, professeur de physique; Gilles-Jean-François Juhel, procureur; Francois

(1) Consulter : *Procès-verbal de condamnation de Gabriel Malagrida, jésuite, par l'Inquisition de Portugal, contenant la sentence des Inquisiteurs et l'arrêt de la Cour souveraine appelés de la Relation.* Lisbonne, 1761. — *Instructions secrètes de la Compagnie de Jésus tirés de sa constitution,* Lisbonne 1761 ; pièce rare qui fut soigneusement recherchée et détruite.

Moyné, professeur de logique; Louis Thiébault, professeur de rhétorique; Joseph Chauveau, professeur de seconde; Yves le Cam, professeur de troisième ; Louis Dubois-Fleury, professeur de quatrième; Jacques d'Hommey, professeur de cinquième : et frère Jacques-François Nolet, coadjuteur ne bougèrent pas et attendirent les événements.

Le 16 décembre 1761 le maire et les échevins (1) adressèrent au Parlement un mémoire tendant à conserver les jésuites : « nous détestons, disaient-ils, l'abominable doctrine qui a été si justement condamnée par l'arrêt de la cour, mais nous osons lui attester en même temps que jamais elle n'a été enseignée à Nevers par les jésuites ; nous pouvons même ajouter, sans avoir envie de les favoriser, mais seulement pour rendre à la vérité le témoignage qui lui est dû, que la conduite des religieux de Nevers a toujours été régulière et édifiante, qu'ils ont toujours rempli avec exactitude leurs devoirs à l'égard des enfants confiés à leurs soins. » Ce mémoire finissait en demandant à la cour de laisser subsister le collège des jésuites ou d'indiquer un autre arrangement. De leur côté les officiers du bailliage ducal protestèrent en ces termes : « La Cour nous permettra de lui faire observer que les membres de la société que nous avons vus jusqu'ici dans ces deux maisons (collège et séminaire) ne se sont jamais attiré aucun reproche soit par rapport à leurs mœurs, soit par rapport au zèle qu'ils doivent avoir pour former la jeunesse à l'étude des belles lettres et à la pratique de la vertu. » Et ils ajoutèrent qu'un collège de prêtres séculiers était impraticable faute de sujets. Les archives de la Nièvre nous ont heureusement conservé la réponse suivante faite aux mémoires des échevins de Nevers et des officiers du bailliage ducal :

« Les deux mémoires sont dirigés dans les mêmes vues. Leur « objet est moins de présenter à la Cour de remplacer les jésuites « dans l'éducation de la jeunesse que des motifs pour la leur « conserver. Les officiers du bailliage prétendent qu'il est im- « possible que d'autres que les jèsuites soient chargés de l'édu- « cation. Selon eux les jésuites seuls ont le privilège de tout « concilier; du reste les autres communautés régulières desti- « uées à l'instruction manquent de sujets. De plus un collège de « prêtres séculiers est impraticable, il est impossible d'en trouver

(1) Michel, maire; Riffé, Duplessis, Vialay fils et Ruby.

« dans le diocèse (1), ceux des autres diocèses sont tous placés, « et un collège de maîtres laïques est sujet aux plus grands in- « convénients pour l'éducation de la jeunesse. Aux termes dont « se servent les officiers du bailliage on serait tenté de croire que « les jésuites de Nevers ont été consultés. *Les maîtres laïques « sont des mercenaires dans lesquels on ne trouverait pas un zèle « désintéressé, des mœurs irréprochables, des sentiments élevés, « une conduite grave et soutenue.* Donnant des leçons, peut-être « bien superficielles, ils négligeraient de jetter dans les cœurs « tendres et dociles les semences des vertus qui font l'honnête « homme et le chrétien et de les instruire dans les vérités de la « religion. (2)

« En addition au mémoire il y a la constatation de l'état des « biens du collège. La ville donne trois mille livres. Les jésuites « possèdent à Nevers deux maisons, on ignore à quel titre. Mais « les jésuites n'ont jamais reçu un reproche à Nevers, soit pour « leurs mœurs, soit pour leur zèle à former la jeunesse dans les « sciences et la vertu. Il n'en a cependant pas toujours été ainsi : « Louis de Gonzague, leur fondateur à Nevers, dans une requête « au Parlement, au commencement de l'année 1564 (3), se plaint « du recteur du collège de Nevers comme fomentant les troubles « du royaume et *moins soge et advisé qu'il ne devoit être en sa charge.* « En 1658 le corps entier des curés du diocèse de Nevers, dans « une requête à leur évêque, contre l'apologie des casuistes, disait « en propres termes que toute la conduite des jésuites tendait à « la destruction de la hiérarchie ecclésiastique et à la ruine de la « morale chrétienne. Enfin, lesdits officiers prient la Cour de leur « conserver les jésuites.

« *Observations :* L'état des biens du collège, certifié par un « jésuite qui ne prend aucune quatité, range les biens en deux « classes : les fondations, les donations. Les fondations sont « portées à 5.290 livres de revenu et les donations à 687 livres « 6 sols, soit 5.977 livres 6 sols. On ne donne aucun état des « bâtiments du collège. Officiers du bailliage, maire et échevins, « personne ne dit si ces bâtiments appartiennent au collège où « aux jésuites. Il est certain qu'il y a près de 7.000 livres de re- « venus affectés au collège et ces fonds sont suffisants pour

(1) N'oublions pas que les jésuites dirigeaient le Grand-Séminaire depuis 171

(2) Soutien habituel de la magistrature.

(3) Il faut lire 1594.

« entretenir autant de maîtres qu'il en faut pour la ville de « Nevers. »

Avant de faire droit la cour voulut avoir l'avis de l'Université qui s'exprima en termes nets. Je me fais un plaisir de reproduire son opinion : « L'Université a vu avec peine les préventions trop « marquées des officiers du bailliage et des maires et échevins « de la ville de Nevers en faveur des jésuites et elle a vu avec « plus de peine encore les principes sur lesquels ces officiers ont « appuié leur prévention. Elle estime que, dans ces circonstan- « ces, il convient que la Cour ordonne à la ville de Nevers de « prendre par elle même les arrangements les plus convenables « pour procurer à son collège des maîtres, soit ecclésiastiques, « soit laïcs, en qui elle puisse prendre confiance. *L'Université ne « croyant pas devoir exposer des hommes vertueux et instruits aux « préjugés d'une telle ville.* Dans le cas où les maîtres manque- « raient à Nevers, les revenus du collège seront convertis en « bourses jusqu'à ce que la ville, revenue de ses préventions, se « fasse autoriser par la cour à rétablir son collège. — Fourneau, « Recteur. »

Après cette magnifique réponse de l'Université, la ville de Nevers, mise en demeure de prendre une décision, n'hésita pas longtemps et traita avec des ecclésiastiques pour diriger le collège jusqu'aux vacances prochaines. (1) Le gouvernement, comme nous dirions aujourd'hui, prescrivit alors à MM. Jacques Henri Vyau, seigneur de Baudreuille, conseiller du roi, premier président et lieutenant général au bailliage royal de Nivernais et siège présidial de Saint-Pierre le-Moûtier, et Jacques Sallonnyer de Faye, conseiller du roi et son procureur audit siège, de se rendre à Nevers afin de procéder, avec les officiers de l'Hôtel de Ville, à l'installation des maîtres choisis.

Le 19 avril 1762, ces magistrats se trouvant à l'Hôtel de Ville, les maires et échevins leur déclarèrent avoir fait choix de

MM. Léonard Robillard, prêtre, chanoine de l'église cathédrale de Saint-Cyr et gradué de l'Université de Paris, pour *Principal et professeur de philosophie* ;

Jean Laviron, prêtre, *professeur de philosophie ;*

---

(1) Ce serait seulement le 1er avril 1763 que les jésuites congédièrent leurs élèves. Ils se cantonnèrent alors dans un coin en se réservant l'usage complet de l'église et de l'entrée principale du collège.

MM. Jean Martin, sous-diacre, maître-es-arts de l'Université de Bourges, *professeur de rhétorique ;*
Antoine Moreau, clerc tonsuré, maître-es-arts de la même Université, *professeur de seconde* ;
Jean-Baptiste Duisy, sous-diacre, *professeur de troisième ;*
François Belin, sous-diacre, *professeur de quatrième ;* (1)
Antoine Milard, clerc tonsuré, *professeur de cinquième ;*

puis annoncèrent qu'ils avaient traité seulement jusqu'aux vacances prochaines avec ces maîtres dont l'état ne leur a pas permis de s'engager pour un temps plus long.

Les nouveaux régents prêtent le serment prescrit et tout le monde se rend ensuite au collège. Dans son rapport le Procureur général relate ainsi sa visite au collège et les ordres qu'il donna : « Nous sommes entrés dans les différentes classes où nous n'a- « vons trouvé aucun changement dans l'ordre ordinaire, sinon « que la cour dudit collège a été divisée par un mur de construc- « tion nouvelle ; que par cette division l'usage de l'église et celuy « de l'entrée ordinaire du collège se trouvent interdits aux éco- « liers. Ayant demandé les motifs qui ont déterminé à interdire « ainsy l'usage de ladite église où les écoliers ont de tout temps « entendu la messe, il nous a été dit par les officiers municipaux « que leur objet avait été de mettre obstacle aux voies de fait et « aux paroles indécentes auxquelles les écoliers pourroient se « livrer envers les anciens maîtres et pour empêcher que les « anciens maîtres n'excitent les écoliers à se roidir contre leurs « nouveaux professeurs ; que ce mur interdisant toute commu- « nication entre les écoliers, les anciens maîtres et les nouveaux, « les vues d'établir, avec plus de facilité le bon ordre se trouvent « remplies, et qu'à l'égard d'un lieu pour faire entendre la messe « aux écoliers, ils avoient destiné deux chapelles qui sont dans « l'intérieur de la nouvelle clôture et qu'il seroit fourni un cha- « plain, des ornements et le luminaire nécessaires. Nous leur « avons remontré qu'il nous a été présenté requête expositive « par le sieur Bouys, président de l'Election (2), que l'interdic-

---

(1) Né à Montaron en 1739, il était en 1758 » philosophe » et précepteur des enfants de Madame de Reugny, dame de Poussery. Le 11 septembre 1763, « diacre », il tient les registres de la paroisse de Montaron. De 1764 à 1768 il est vicaire à Vandenesse et en janvier 1768 il devient curé de Montaron. (Voir ma notice historique sur Montaron.)

(2) François Théodore Maude de Bouys de Brosses, dont le fils Théodore, devait tracer, en 1781, la méridienne dans la cathédrale, et devait, plus tard, devenir professeur de mathématique à l'Ecole Centrale, puis à l'école secondaire de Nevers.

« tion de l'usage de l'église et de l'entrée ordinaire dudit collège « étoient nuisibles en ce que les chapelles que l'on destinoit pour « y faire entendre la messe aux écoliers étaient mal situées et « incommodes ou trop petites; que la principale entrée servoit « d'abri aux écoliers dans les temps fâcheux et que l'on faisoit « faire un tour aux écoliers pour enlrer dans le collège par une « porte charretière. La clameur publique s'est élevée contre la « clôture sus dite, que les bâtiments du collège étant la pro- « priété de la ville de Nevers et subsidiairement de toute la pro- « vince... il n'est pas juste de priver le public sans nécessité évi- « dente d'une portion de l'héritage qui lui appartient. Que si les « anciens maîtres craignoient quelques insultes de la part des « écoliers, ils avoient une voie facile pour ne point communiquer « avec lesdits écoliers, ayant une sortie dans la même rue où est « située la principale entrée du collège et qu'en interdisant une « seule porte qui communique du corps de bâtiments qu'occu- « peut les anciens maîtres avec la cour dudit collège, les anciens « maîtres se trouveront par là à l'abri de toute insulte sans être « privés ni de l'usage de leur église ni de leur demeure jusqu'à « ce qu'autrement il en ait été ordonné. Que ces faits nous ont « paru exacts dans la visite que nous avons faite et *avoués* par « les anciens maîtres qui n'y ont reconnu d'autres inconvénients « que d'être privés de leur parloir où ils reçoivent les étrangers « et que la sortie dont nous avons parlé n'étoit pas aussi décente « que l'entrée ordinaire de la cour du collège, que cette sortie « étoit une porte de commodité qu'ils avoient fait pratiquer pour « l'entrée de leurs voitures. A quoi lesdits maire et échevins ont « dit qu'en faisant faire ledit mur ils n'ont rien fait de contraire « aux arrêts de la Cour qui les autorise à faire tout ce qu'ils ju- « geront convenable pour l'établissemeat du nouveau collège, « que n'étant point encore décidé par la Cour si l'église et la « maison servant de logement aux anciens maîtres appartien- « nent à la ville, ils ont cru qu'ils devoient s'abstenir de s'emparer « de l'église et se contenter de l'une des deux chapelles qui sont « dans l'intérieur de ladite clôture et qui est plus que suffisante « pour le cas où il serait décidé qu'elle n'appartient pas à la « ville... Sur quoy, le procureur du Roy entendu, nous avons « fait acte aux sieurs officiers municipaux de leurs désirs et dé- « clarations et aux professeurs du serment par eux prêté. Faisant « droit à la requête du sieur Bouys, ayant égard que le collège « de cette ville n'a pu être établi que des libéralités des seigneurs

« ducs de Nevers ; du corps des officiers de la même ville et « peut-être des donations faites par différents particuliers, que « ces libéralités ou donations ayant une destination dont l'effet « doit être perpétuel dans quelques mains qu'il puisse être trans- « mis, que les objets qui en font partie ne peuvent cesser de « suivre leur destination primitive et étant devenue un bien « public ne peuvent passer à la disposition d'un particulier ; que « dans le fait nous avons connu par la lecture que nous avons « prise d'une copie collattionnée de l'acte passé entre Madame « Marguerite de Lorraine, duchesse de Nevers, et les anciens « maîtres du collège de la même ville, qu'il est constaté que le « collège procède des libéralités desdits seigneurs et de celles des « officiers au corps de ladite ville, que non seulement l'église « telle qu'elle subsistait alors, les ornements et encore vingt « chambres garnies de leurs meubles, la cuisine garnie de ses « ustenciles, ensemble l'usage de l'église, sacristie et ornements, « que les bâtiments actuels ne paraissent pas comporter plus « d'étendue que ceux qui subsistoient en 1607 lors de l'acte dont « est question, en conséquence leur destination de fait et de droit « est pour l'instruction de la jeunesse, que la liberté ou l'usage « plein et entier doit être accordé au public, au moins pour tout « ce qui concerne l'emplacement des écoles, leur entrée et le « libre usage de l'église en dépendant, Nous ordonnons par pro- « vision que l'entrée ordinaire dudit collège et la cour d'icelui « faisant partie de ladite donation, demeureront entièrement « libres ; le mur nouvellement construit sera démoli dans le jour « à la diligence du procureur du roy du bailliage et siège prési- « dial de Saint-Pierre-le-Moûtier, sauf aux anciens maîtres du « collège et aux officiers municipaux de ladite ville à faire con- « damner, si bon leur semble, la porte de communication du « corps de bâtiment occupé par les anciens maîtres avec la cour « et entrée ordinaire du collège, sans que les termes ci-dessus « énoncés puissent attribuer aux anciens maîtres aucun droit de « propriété sur les objets dont ils demeurent en possession « jusqu'à ce qu'autrement il en ait été ordonné par la Cour. »

Il n'échappera pas au lecteur que M. le lieutenant général Vyau de Baudreuille, emploie toujours les expressions « les anciens maîtres » et que jamais il ne dit « les Pères Jésuites ». S'il y avait eu alors à Nevers une *Gazette du Nivernois*, M. Vyau de Baudreuille n'aurait pas manqué d'être traité de vendu, de sectaire, de franc-maçon, etc. (1) Le procureur du roi, Sallonnyer de Faye, aurait subi le même traitement car le lendemain, 20 avril 1762, dès sept heures du matin, il vint prévenir le lieutenant général que les vases sacrés, ornements et argenterie appartenant au collège étaient entre les mains de particuliers qui n'en avaient pris aucune charge et n'en avaient donné aucune décharge, et lui demanda des ordres afin « d'en assurer l'existence, la quantité et le dépôt et par la suite en faire tel usage qui sera ordonné par la cour. » Le sieur Pannecet, notaire et procureur en la pairie de Nevers, soupçonné d'être le dépositaire de ces divers objets est immédiatement cité à comparaître devant nos deux hauts fonctionnaires royaux. Il se présente à dix heures du matin et déclare que « le jour d'hier les écoliers de la congrégation du collège de « cette ville l'ont prié et requis de recevoir chez lui et en dépôt : « une croix à mettre sur l'autel et porter a la main, et deux « chandeliers, le tout d'argent ; plus cinq devants d'autel de di- « verses étoffes et couleurs ; six chasubles de diverses étoffes et « couleurs ; une sonnette de cuivre argenté ; deux cadres dorés ; « une couverture de tabernacle en taffetas cramoisi ; une garni- « ture de brassard de taffetas cramoisi orne d'une petite dentelle « d'argent et trois branches de bramard ; un voile de ciboire de « damas rose garni de dentelle d'argent ; la couverture d'un lus- « tre ; quatre mauvaises couvertures de chandeliers ; quatre au- « bes et deux cordons ; sept nappes d'autel garnies ou non en « dentelle ; quatre autres petites nappes de crédence ; trois petites « nappes pour la communion ; sept amis (2) ; dix-neuf purifica- « toires et dix-neuf lavabos ; cinq essuie-mains ; un missel ; deux « cartons et le sceau de la congrétation en fer. » (3)

Ordre est aussitôt donné au sieur Pannecet de rester dépositaire de tout jusqu'à ce que la Cour en ait autrement décidé et défense lui est faite de s'en dessaisir.

Je rappèlle à mes lecteurs que je leur donne simplement des renseignements sur le collège de Nevers — renseignements que j'ai recueillis très péniblement, que je crois bon de ne pas laisser perdre afin d'éviter aux chercheurs futurs de longues pertes de

(1) La famille Vyau se divisa en plusieurs branches dont les principales furent : 1° celle de Baudreuille ; 2° celle de la Garde qu'on vit assez longtemps à Never 3° celle de Fontenay qui est encore aujourd'hui représentée à Nevers.

(2) Amicts.

(3) A comparer avec l'état indiqué à la date du 19 mai.

temps. La lecture de ce que je vais transcrire sera peut-être considérée, par quelques uns, comme fastidieuse, mais j'ai cru que mon devoir était de tout recueillir.

A partir du 6 mai 1762 on dressa l'inventaire des effets, titres et papiers du collège et, de suite, en présence de M. Vyau de Baudreuille comparurent :

1. Maurice-Joseph Bordas, 40 ans, né à Saint-Malo, entré dans la société le 4 octobre 1731, profès des 4 vœux, recteur de la maison.

2. François Moyné, né à Croisille, diocèse du Mans, le 7 octobre 1729, entré dans la société le 2 octobre 1749, vœux simples, professeur de logique.

3. Jean Hervé Ollivier, né le 25 février 1720 au Frant, diocèse de Quimper, entré dans la société le 14 octobre 1739, profès des 4 vœux, prédicateur ; ci-devant préfet des classes.

4. Gilles-Jean-François Juhel, né à Avire, diocèse de Bayeux, le 23 mai 1725, entré dans la société le 8 octobre 1746, vœux simples, procureur.

5. Jean-Baptiste-Machabée Ametille, né le 10 décembre 1727, à Rouen, entré dans la société le 20 septembre 1740, profès des 4 vœux, professeur de physique.

6. Jean-Claude-François Brault de Dardenne, né le 29 mai 1716 à Valigny-le-Monial, diocèse de Bourges, entré dans la société le 12 septembre 1735, profès des 4 vœux, ci-devant supérieur du Séminaire.

7. Jean-Baptiste Dusart, né à Saint-Paul-en-Artois le 7 juin 1718, profès des 4 vœux, entré dans la société le 30 juillet 1735, ci-devant professeur de théologie morale au Séminaire.

8. Marc-Berthin Gorlier, né le 11 juin 1719 à Arras, entré dans la société le 14 octobre 1737, profès des 4 vœux, professeur de théologie scolastique au Séminaire.

9. Hippolyte-Thomas Delatour, né le 30 décembre 1723, au Frant, diocèse de Quimper, entré dans la société le 26 septembre 1742, profès des 4 vœux, procureur et directeur du Séminaire.

10. Jacques-François Nollet, né le 11 août 1713 à Saint-Denis, près Jargeau, diocèse d'Orléans, entré dans la société le 6 août 1750, ayant fait les vœux de coadjuteur temporel formé.

Ainsi sur dix jésuites présents au collège, cinq appartenaient au séminaire. Sommés de dire le motif qui les avait amenés au collège et entre les mains de qui ils avaient déposé les clefs et remis l'administration du séminaire, le supérieur répondit que *n'y ayant plus de séminaristes ni de fonctions, ils se sont retirés en cette maison pour y vivre avec leurs confrères et qu'ils ont remis les clefs et l'administration du séminaire au sindic de la chambre ecclésiastique de cette ville et diocèse qui a l'inventaire de tous les effets qui étaient dans la maison.*

Le recteur du collège, sur demande formelle de M. Vyau de Baudreuille, présente aussitôt les titres, soit seuls, soit en liasse ou en sac, au nombre de 144, cotés (1) de A à Z, A2 à Z2 , A3 à Z3 , A4 à Z4 , A5 à Z5 , A6 à Z6 et parmi lesquels je releverai seulement les suivantes :

A. Un contrat en parchemin, daté du 3 juillet 1572, portant échange d'une partie de l'ancien collège cédé par MM. les échevins aux sgr. et dame duchesse du Nivernais, et de 3 maisons achetées par ledit sgr. pour bâtir des classes.

B. Le contrat de fondation dudit sgr., du 26 septembre 1573, portant fondation de quatre classes.

C. Le contrat de fondation fait par ledit sgr., du 27 mai 1578.

F. Deux actes latin concernant la prébende préceptoriale. (2)

H. Une liasse de 9 pièces concernant l'inventaire fait l'an 1595 et le rétablissement du collège en 1603.

X. Décret du 6 novembre 1677 portant acquisition du jeu de paume.

&. 33 pièces de contrats d'acquisition de différentes maisons faisant l'emplacement du collège.

B2 . 8 baux du *domaine de Saint-Eloy* à compter du 12 juillet 1717 jusqu'au 12 août 1760, par lesquelles il appert que ledit domaine est affermé 27 quartaux seigle, mesure de Nevers, et 12 poulets. (3)

C2 . 96 pièces d'acquits et mémoires de directes sur le *domaine de Saint-Eloy.*

D2 . 32 contrats du *domaine de Saint-Eloy.*

F2 . 32 pièces concernant vente de *bois taillis* dépendant des biens du collège.

G2 . 10 pièces contenant requêtes et arrêts portant permission de couper les balivaux du *bois de Sauvigny-les-Chanoines.*

---

(1) La lettre V manque, mais après Z on trouve &.

(2) P 3. liasse de 16 pièces concernant la prébende préceptoriale.

(3) R 3. 7 pièces concernant le droit d'usage de Saint-Eloy

K^2 . 45 pièces de baux, procédure et actes de propriété de la *dixme de la Menue* (1) et affermée, suivant bail de 1749, 45 livres et 2 poulets.

L^2 . 18 pièces qui sont les baux de la *métairie de Saint-Antoine,* accensée pour 350 livres.

O^2 . 32 quittances d'un bordelage de 30 sols et 1 poule dûs aux sept prêtres de Nevers, sur le *domaine de Saint-Antoine.* (2)

P^2 . 5 quittances de bordelage de 5 sols et 1 poule sur le *Coudray,* par l'abesse de Nevers.

S^2 . 21 mémoires, lettres et quittances concernant les directes dues sur le *colombier de Saint-Antoine.*

A^3 . 2 acquisitions, l'une de 3 boisselées de terre au *Coudray* du 11 décembre 1664 moyennant 20 livres; l'autre du 30 décembre 1739 du pré des Cornes, au Coudray, moyennant 890 livres (3).

C^3 . Bail à ferme du *Coudray* du 27 mars 1762 et aliénation de tous les bestiaux dudit domaine au fermier pour 1.915 livres.

D^3 . 38 pièces concernant l'acquisition du lieu de *l'Hermitage.* (4)

U^3 . 6 pièces concernant la *vigne de la Perrière.*

A^4 . Lettres, mémoires, et testament du Roy de Pologne.

B^4 . Traité fait avec M. le marquis de de Charnisai en 1686.

F^4 . 29 pièces contenant les titres de propriété des *vignes de Garchizy.* (5)

I^4 . Amortissement des cens bourdeliers sur les *Fromentaux.*

N^4 . Procédure contre les habitants de Sermoise pour raison des tailles.

P^4 . Liasse de titres concernant la terre appelée le *Champiot.*

P^5 . Ancien cartulaire du terrier de la *Motte Carreau.*

E^6 . Livre des archives.

G^6 , H^6 , I^6 , J^6 , K^6 . Livre de dépenses et livre de recettes et dépenses. (6)

L^6 . Quittances des *peintures de l'église du collège.*

---

(1) N 5, O 5, Q 5, Dixme de la Menue, terrier.

(2) Z 3, 13 pièces concernant l'Hopital de Saint-Antoine. X 4, A 5, D 5, H 5, I 5, K 5, L5, pièces concernant Saint-Antoine.

(3) & 4, S 4, pièces concernant le Coudray.

(4) Les cotes E 3, F 3 G 3, H 3 à M 3 Z 4, G 5, concernent l'Hermitage.

(5) G 4, H 4, K 4, T 4, pièces concernant les vignes de Garchizy.

(6) O 6, Livres de dépenses pour la bouche. P 6, livre de menues dépenses. Q 6, livre de la couture.

R6 . Livre de dépense de la régie du domaine de l'*Hermitage*.
F7 . Traité de l'église.

Après cette opération M. Vyau de Baudréuille fait dresser successivement l'inventaire des objets qui se trouvaient dans les chambres des Pères, dans la bibliothèque où il y avait 2402 volumes dont je parlerai, dans la lingerie, la cuisine, l'office, le grenier, le pressoir, la chambre du chaufoir, la chambre de la compagnie (1). Dans la sacristie on relève 2 ornements noirs, 3 violets, 12 rouges, 3 blancs, 1 de toutes couleurs, 1 vert, 3 michels (*sic*), 2 reliquaires en forme de bras, 2 autres en forme de pyramide, 2 autres en bois doré, 34 lavabos, 114 purificatoires, 4 grands reliquaires en bois noir, etc., etc. Puis on se dirige sur la maison de l'Hermitage, dans le domaine du même lieu oû se trouvent 14 bœufs de trait, 8 mères vaches dont 2 garnies de leurs veaux de l'année et 2 garnies de leur veau d'un an; 3 taureaux de 2 à 3 ans, 3 torres de 2 ans, 4 juments garnies de leur poulain, 2 poulains de deux ans, 3 porcs de six à sept mois, 178 brebis tant mères, moutons que agneaux, 5 ruches à miel.

Au vignoble de Garchizy, outre le mobilier d'un ménage bourgeois on relève 3 cuves, un derapoire, 9 charroires, 1 pressoir, 1 antonnoire, 2 tonnes, 3 sciaux pour décharger la vendange, 1 cuvat, 3 fûts de poinçons et un quart, etc.

Au domaine de Saint-Antoine se trouvent 9 vaches dont une garnie, 8 bœufs de trait, 4 taureaux dont 2 de quatre ans et deux de deux ans, 3 autres d'un an, 1 jument garnie de son poulain de l'année, 1 poulain de deux ans, 1 autre d'un an, 6 cochons et la mère, 2 charrues garnies, etc.

Au domaine de Coudray on compte 15 bœufs de traits, 18 vaches ou veaux, 1 jument garnie de deux poulains, l'un d'un an, l'autre de deux ans, 150 brebis tant mères, moutons, qu'agneaux, etc.

Le 15 mai 1672 l'état général de la situation du collège fut ainsi établi :

---

(1) Il y a 13 tableaux encadrés de bois noir et autres couleurs, 12 cartes, 32 chaises en pisserie très mauvaises, 1 prie-Dieu.

EFFETS ÉTANT AU COLLÈGE

Argent .... 63 livres

PROVISIONS

Vin vieux de Garchizy, 9 pièces chacune	270	livres
Grains pour les domaines de l'Hermittage, 60 bx à l.	60	—
En créances	1.270	—
TOTAL.......	1.663	—

SITUATION

Revenus en blés..............	262 qx
Revenus en argent..........	6.377
Dettes passives..............	1.270
Effets existants...............	1.663
Charges annuelles...........	2.050(1)
Dettes actives...............	5.325

GAGES DES DOMESTIQUES DU DOMAINE DE L'HERMITAGE
EXIGIBLES A LA SAINT-JEAN :

à Françis Mousse............	72 l.
à Grandjean Guichard........	72
à Antoine................	56
à Julien......................	45
à la veuve Raisin............	45
au vacher.....................	27
à la bergère.................	20
à la servante............	11.12 s.
Total.....	348.12 s

Dépenses de l'année et dettes acquittées................. 9.896f 14s 10d

ACQUISITIONS DU COLLÈGE SUIVANT LES CONTRATS (2)

Acquisition de la vigne des Luteres, devant Michel, 22 janvier 1629	62 l
Acquisition par décret du 5 mai 1635......................	200
Acquisition d'une pièce de vigne du sieur Simon-Jean Pluchon, curé de Garchisi le 28 mars 1637..................	150
Acquisition de la maison Antoinette Naqueau, devant Guiard, notaire, le 24 avril 1642..................................	1.200
Acquisition d'un chemin derrière la maison de Garchisi, le 28 février 1648, rue Camuset................................	20

(1) Frais de vignes 500 l.; réparation 600 l.; inscrits de rente 670 l.

(2) A Garchizy pour la plus grande partie, et à Nevers pour le jeu de Paume.

Acquisition du cens de 10 sols sur la masure du pressoir, le 14 mars 1648, devant Guinet	13
Acquisition de la maison du vigneron, 19 décembre 1648, rue Camuset	75
Acquisition de la masure, 22 janvier 1649, devant Ledieu	20
Achat de la maison de Garchisi en 1650, devant Decolons. Nous avons bâti la maison. Prix aproximatif	207
Acquisition d'un pré, le 2 août 1655, reçu Batailler	51 10s
Achat et amortissement de directes sur la maison de Garchisi, le 23 avril 1662, devant Villars	15
Acquisition d'un désert de vigne, 15 octobre 1664, devant Duplessis	15
Acquisition de Toussaint Royer, 24 octobre 1665, reçu Callot	120
Acquisition de la redevance Bourdelière de 10 sols, 1 poule sur les vignes de Garchisi, devant Villars, 7 novembre 1665	55
Acquisition du 22 décembre 1665, devant Goby	80
Décret du Tripot ou jeu de Paume Lemercier, fait le 6 novembre 1677	560
Profit au prieur de Saint-Etienne	80
Acquisition de vigne, devant Gentil, 12 décembre 1699	100
Acquisition du 23 avril 1690, devant Gentil	150
Acquisition de vigne, 16 juillet 1690	153
Copie collationnée de trois contrats d'acquisition, devant Gentil, le 12 mars 1693	342
Acquisition de la vigne du tendu, 30 janvier 1700, reçu Gentil	68
Acquisition du desert du Clos Pion, 26 janvier 1701, devant Granger	30
Acquisition de 25 livres 6 sols de rentes sur les tailles, 31 mai 1723	1.265

ACQUISITION DANS LES DOMAINES DE SAINT-ELOY, SAINT-ANTOINE, LE COUDRAY, L'HERMITAGE

Acquisition de la maison et pièce de terre et pré de Claude Paponneau, le 10 mai 1591, devant Deville	120
Acquisition d'une pièce de terre à Saint-Eloy, 29 mars 1593, reçu Prevost	15
Accquisition d'une rente sur Saint-Eloy, 16 mai 1592	60
Acquisition de la rente Bourdelière sur la maison de Saint-Eloy, le 12 novembre 1616, reçu Michel	40
Acquisition d'une demie boisselée de terre de Gilbert Merlin, le 7 décembre 1644, rue Camusat	2
Acquisition d'une pièce de terre, le 6 septembre 1662, devant Goby	25
Acquisition de la rente Bourdelière sur une pièce de terre à Saint-Eloy, le 16 décembre 1697, devant Jamiot	31 10

Décret et adjudication de maison et terre à Saint-Eloy, 19 janvier 1699 22.10

SAINT-ANTOINE ET LE COUDRAY

Acquisition d'une pièce de terre, 14 décembre 1664, reçu Duplessis 20

Acquisition d'un pré à Saint-Antoine, 15 mai 1679, devant Gentil 160

Acquisition d'un pré à Saint-Antoine, 27 février 1688, devant Gentil 1.600

Acquisition du pré d'Aunay, 21 avril 1720, rue Bertaut 190

Acquisition du petit champ du Coudray du sieur Goby, 30 mars 1731, devant Rondeau 33

Acquisition du champ de Saint-Antoine, 23 juin 1738, devant Frebault 352

Acquisition du pré de Cornes Frinants, 30 décembre 1737, reçu Frébault 850

Pot de vin et épingles 40

HERMITAGE

Acquisition de buisson au Grandjean, 7 juin 1618, rue Michel. 10

Acquisition du domaine de l'Hermitage, 17 mars 1621, reçu Gentil. 4.900

Acquisition d'une perrière en Babion, 7 juin 1628, devant Dechamp. 10

Acquisition d'une pièce de vigne, 11 février 1633, par adjudication 90

Acquisition des Isles d'Arnay et Tenon, le 18 septembre 1635, reçu Girard. 500

Acquisition des Isles d'Arnay et Tenon. 220

Acquisition d'une pièce de vigne, 22 décembre 1635. 60

Desert de vigne acheté le 22 avril 1637. 14

Acquisition d'un patureau, le 9 janvier 1676, devant Gentil. 181.10

Acquisition du champ de la Pique, 3 décembre 1678, devant Gentil. 18

Acquisition des Isles Tenon, le 11 novembre 1683, reçu Gentil. 922

Acquisition de deux pièces de pré en Nièvre, 11 septembre 1741, rue Batailler. 170

Acquisition de M. d'Hugues, évêque de Nevers, sous la charge de 30 sols de cens, reçu Goussot, le 30 décembre 1741. »»

ACQUISITIONS DES DERNIERS DUCS DE GONZAGUE AU PROFIT DU COLLÈGE

Bordelage sur la maison Pierre Guille, le 15 décembre 1577, pour 8 boisseaux froment annuellement. »»

Maison Lepied Pierre, 26 janvier 1578, devant Hermand 350

Cession et abandon de l'ancien collège (Crepin et Hermand), le 2 août 1578. La ville a eu en dédommagement trois maisons ailleurs.	»»
Pressoir des Berthier, 22 novembre 1578.	240
Maison Pierre Guillaume, 15 décembre 1578 (Crepin et Hermand)	400
Maisons de Gilbert Rodon acquises de Marthe Charpentier, le 17 mai 1571 (Crépin et Hermand)	350
Maison d'Erard Giraut, par décret le 17 septembre 1580. . . .	200
Autre maison d'Erard Giraut, par décret du 1er février 1581. .	220
Maison de Fèvre, le 24 juillet 1581.	100
Maison de Barbe Meliard, le 18 octobre 1585, reçu Cotignon, prix 450 l. du duché et 20 l. des Jésuites.	470
Rente foncière sur ladite maison, due au sieur des Colons, le 16 octobre 1585.	40
Domaine de Saint-Eloy, le 17 juin 1588, reçu Petit.	1.470

ACQUISITIONS DES DENIERS DE LA VILLE POUR L'EMPLACEMENT DE L'ÉGLISE QUE LE COLLÈGE SE CHARGE DE BATIR A SES FRAIS

Maison de Luzi, le 6 juin 1608.	650
Maison Lechat, 23 juin 1608.	650
Maison d'Etienne Roux (?), 23 juin 1608.	1.000
Maison de Louis Ledieu, taillandier, 33 novembre 1609. . . .	1.800
Maison de Jean de Saugy, le 20 août 1611.	861

DONATIONS

De 45 arpents de bois à la Risole, par M. Galoppe, le 15 mai 1577, reçu Hermand.	
Fondation du collège par monseigneur Ludovic de Gonzague et dame Henriette de Clèves, de 2.000 livres de rente sur le duché pour instruire la jeunesse en la piété et la religion catholique, apostolique, visiter et consoler les malades, prêcher, confesser et faire tous autres actes propres de la Cie de Jésus. Reçu Cayard et Bouan, notaires au Châtelet, le 27 mai 1578.	2.000 liv.
Union de la prébende préceptoriale par mgr. Arnaud Sorbin, évêque de Nevers, 29 juillet 1591.	
Union de la maladrerie Saint-Antoine à laquelle est jointe la métairie du Coudray, par mgr. l'évêque de Nevers et les échevins, le 11 février 1606 et restitution dudit domaine du 5 février 1694 par arrêt du Conseil et lettres patentes.	
Donation du fief et Dixme de la Menue et Motte Carreau par M. de Brienne à cause du P. de Brienne, son fils, jésuite, du 28 novembre 1619, reçu Gobillot.	

Donation de deux buttes de décombres et d'une perrière à la Perrière où ils ont fait une vigne, données par les échevins le 25 septembre 1620.

Donation pure et simple d'une masure de M. Jean Hardy, du 21 mai 1624.

Donation de 8 œuvres de vignes à Garchizy et d'un petit pré par notre frère Pierre Delaronde qui fut nourri et entretenu quatorze ans au collège, reçu Sautereau, 17 octobre 1624.

Transaction avec la ville de Nevers, reçu Frébault le 6 mars 1737, pour 3.000 livres de rente. 3.000

REVENUS DU COLLÈGE (1)

1. — Du Duché	**2.000**
2. — De la ville	**3.000**
3. — Préceptoriale	**120**
4. — Ferme de Saint-Eloy	**110**
5. — Saint-Antoine	**350**
6. — Dixme de la Menue	**45**
7. — Sur les tailles	**25.06**
8. — Terrier	**17**
9. — Maison	**80**
TOTAL. . . .	**5.747.06**

(1) Un autre état portant la date du 4 mai 1762 est ainsi conçu :

1. — Le duché paye annuellement. .	2000[l] »	suivant l'acte de confirmation reçu Charpy, notaire, le 11 janvier 1607.
2. — La ville paye annnellement. .	3000	suivant la transaction du 6 mars 1737, reçu Frebault, notaire.
4. — Ferme de Saint-Eloy.	110	suivant le bail reçu Boury, notaire, le 22 octobre 1755.
5. — Ferme de Saint-Antoine. . . .	400	suivant le bail reçu Boury, notaire, le 16 février 1760.
Métairie du Coudray.	600	suivant le bail reçu Boury, notaire, le 27 mars 1762
9. — Maison attenant au collège. . .	60	suivant le bail reçu Rondeau, du 1er mars 1750.
6. — Dixmes affermées	45	suivant le bail reçu Boury, le 10 mars 1749.
8. — Terrier estimé.	17	nous n'avons pu découvrir le bail quelque recherches que nous ayons faites ; il y a toute apparence que cet article n'est pas affermé et ne l'a jamais été.
Vigne de la Perrière.	80	cette vigne n'a jamais été affermée à notre connaissance.
Vigne de Garchizy.	400	*Idem.*
7. — Rentes sur les tailles.	25 06	suivant le certificat du sieur Faure, receveur des tailles de l'élection de Nevers.
3. — Prébende préceptoriale.	120	il est de notre connaissance et les lettres envoyées à Monseigneur le Procureur général attestent que cette prébende produit 120 livres.
Métairie de l'Hermitage. . . .	80	suivant le bail reçu Boury le 15 décembre 1755, le produit de cette métairie n'est évalué que 80 livres au lieu que dans l'état qui nous a été remis par les ordres de Monseigneur le Procureur général, il est porté jusqu'à 300 livres ; sans doute les réserves portées audit bail ont dû donner lieu à cette évaluation.
TOTAL. . .	6937 06	
[*Soit 1.090 livres de plus*]		

DOMAINES

Le Coudray affermé en bled par bail du 27 mars 1760 à Gilbert Cliquet, boucher, reçu Boury: 112 qx de froment.

L'Hermitage est fait valoir par valets. (1)

Saint-Eloy est affermé à Louis Daix du 6 août 1760, pour commencer au mois de juillet 1762 pour 27 quintaux de seigle et 12 poulets, reçu Boury.

Saint-Antoine, bail à ferme à Joseph Maillot, le 16 février 1760 pour 350 livres à commencer au 1er mai 1762, reçu Boury.

Bail à François Duisi, vigneron à Varennes, de la Dixme de la Menue, le 10 mars 1759, reçu Boury.

Messieurs du Chapitre payent tous les ans au collège 14 boisseaux de seigle à cause de la Dixme de la Menue.

Vignes de Garchisi : 90 œuvres environ.

Vignes de la Perrière : 25 œuvres ou environ.

Bois en deux quartiers, à Sauvigny-les-Chanoines, cent arpents ou en-environ.

Le sieur François Landelle est établi séquestre du tout.

Les revenus du collège s'élevaient à plus de 7.000 livres, d'après la note ci-dessus, la métairie de l'Hermitage devait produire 300 livres. Le montant de ces revenus attira toute l'attention du Procureur général qui, le 16 mai 1762, assisté de MM. Simon Roux, conseiller du roi au présidial de Saint-Pierre-le-Moutier, et subdélégué de la ville de Nevers, et Jacques Sallonnyer de Faye, procureur du roi au même siège, se transporta avec greffier et huissier, à l'Hôtel de Ville de Nevers où le corps des officiers municipaux était réuni. Aussitôt la séance ouverte, le procureur du roi expose que « l'état actuel de la société des jésuites les a « rassemblés plus d'une fois déjà et que l'objet de leur attention « à tous a toujours été l'instruction de la jeunesse. Les profes-« seurs actuels n'ayant contracté qu'un engagement passager, il « s'agit de se concerter sur les moyens les plus efficaces pour « donner au projet commencé toute sa perfection. Le moyen le « meilleur de se procurer des professeurs habiles et permanents, « c'est de leur donner des honoraires capables de les attirer et

(1) Dans le domaine de l'Hermitage, qui est en régie, il y a du fond dudit domaine 37 quartelées de froment emblavées et 4 de seigle, et des terres tenues à Champart du sieur Maillot, il y en a 50 quartelées en seigle, 40 en avoine, plus 3 quartelées de poids (*sic*) et 1 de lentilles; plus il y a tous les harnais d'un attelage à trois chevaux.

« d'exciter en eux cette émulation qu'on voit se perpétuer et s'ac-« croître de jour en jour dans l'Université de Paris. L'état du « revenu de l'ancien collège sera mis sous les yeux des officiers « municipaux. *Quant au séminaire il a cessé d'appartenir aux « jésuites mais le revenu du prieuré de Saint-Sauveur doit être uni « à celui du collège sous la charge d'entretenir deux régents de théo-« logie. C'est le roi lui-même qui a fixé ce point dans les lettres « d'Union du mois de janvier 1710. Il y aura donc lieu de joindre « deux professeurs de théologie aux autres professeurs.* Il sera juste « de donner aux anciens maîtres une subsistance convenable « jusqu'à ce que leur état soit déterminé. Quelque qualification « qu'on puisse donner à leur Institut, ils sont citoyens ; le corps « entier peut être susceptible de réforme ou de dissolution totale, « mais chaque membre en particulier mérite des égards. La Cour « l'a ainsi pensé puisque par son arrêt du 23 avril dernier elle « autorise les villes et les officiers des bailliages royaux à leur « faire fournir la subsistance. Il y a aussi à choisir un séquestre « à tous les biens qui ont appartenu aux anciens maîtres. Je « laisse à votre prudence le soin de nous indiquer celui que vous « jugerez le plus capable de remplir ces fonctions. Enfin la Cour « a ordonné, dans l'intérêt des créanciers des anciens maîtres, « de rechercher les dissipations, les recels, les dépôts, les ventes « même que ces anciens maîtres ont pu faire sous prétexte de « s'acquitter, soit depuis, soit avant l'arrêt du 23 avril dernier. « Les anciens supérieurs du séminaire ont disposé, paraît-il, « d'ornements précieux et des citoyens les ont reçus pour gages « de leurs créances à un prix moitié moindre de leur valeur. Si « le fait est prouvé, des mesures seront prises en conséquence. »

Après cet exposé, la séance fut renvoyée au lendemain, les officiers de la Ville ayant besoin de se concerter.

A la réunion du 17 mai, le corps de Ville déclare avoir fait choix du sieur François Landelle pour séquestre; que, pour la subsistance des anciens maîtres, il s'en rapportaft au Procureur général et, en ce qui concerne l'établissement de professeurs de théologie, il déclare « qu'il n'est point chargé, par l'arrêt du « 6 mars dernier, de faire de semblables établissements ; que, du « reste, l'évêque de Nevers a pourvu à cet objet en nommant un « professeur de théologie, le sieur Septier, licencié en Sorbonne « et son official, lequel fait journellement leçons publiques ; « qu'il n'a aucune connaissance des recels, dépôts ou ventes qui

« auroient pu être faits par les anciens maîtres en fraude de leurs « créanciers. » Le corps de Ville de Nevers, complètement dévoué aux Jésuites, refusait donc indirectement d'unir les revenus du prieuré de Saint-Sauveur au collège en refusant de nommer deux professeurs de théologie. Le Procureur général leur donna acte de leurs dires et le procès-verbal fût revêtu des signatures suivantes : Vyau de Baudreuille, Roux, Sallonnyer de Faye, Michel, maire; Riffé, Duplessis, Ruby, Procureur du roi de l'Hôtel de Ville; Descolons, Septier de Rigny, official; Saulieu, Maillot, Rondeau, Goussot, Chambrun, Quinquet, Maugue, Hecquard, Parent, Pierre de Champrobert, Archambault le jeune, Gourjon et Rogier, greffier.

Mais le lendemain le Procureur du roi requit jugement en ces termes :

« Vu les concordats faits au mois d'avril dernier entre les « officiers municipaux de la Ville de Nevers d'une part, et les « sieurs Robillard, Laviron, Martin, Moreau, Duisy, Belin et « Millard d'autre part, par lesquels il est arrêté que les sieurs « Robillard, Laviron, Martin et Moreau auront chacun la somme « de 450 livres, et les sieurs Duisy, Belin et Millard chacun « 350 livres pour leurs honoraires jusqu'au mois de septembre « prochain,

« La copie collationnée des lettres patentes du mois de jan- « vier 1710, duement registrées en la Cour le 18 mai 1711, lesdites « lettres portant donation faite par S. M. du revenu du Prieuré « et Sacristie de Saint Sauveur de la Ville de Nevers en faveur de « la Société des Jésuites pour tenir un Séminaire, et dans le cas « où le Seigneur Evêque de Nevers et ses successeurs jugeroient « à propos de retirer de ladite Société la direction dudit Sémi- « naire, S. M. unit à perpétuité au collège de la Ville de Nevers « les susdits bénéfices, à la charge d'entretenir deux régents de « théologie, l'un de scholastique et l'autre de morale. Cette insti- « tution d'Ecole publique de théologie est faite sans contredit en « faveur des pauvres ecclésiastiques du diocèse particulièrement,

« Les déclarations des officiers de ville (1),

« Considérant que le sieur Septier, licencié en Sorbonne et « official de l'Evêque de Nevers, tient seulement dans sa maison « des conférences avec les ecclésiastiques qui veulent bien s'y

(1) Voir ci-dessus p. 293.

« rendre... que dans le fait aucun ecclésiastique ne suit ces pré-« tendues conférences...

« Ayant égard que *les officiers municipaux de la ville, loin « d'être portés avec zèle à la conservation de l'intérêt des créanciers « des anciens maîtres en recherchant les recels, ventes et dépôts qui « ont pu être faits, ils les dissimulent au contraire.* (1)

« Pourquoi requiert

« Que les officiers municipaux de la ville de Nevers soient « tenus de s'assembler dans la quinzaine pour délibérer et fixer « les honoraires qu'ils se proposent d'accorder à l'avenir et à la « perpétuité aux professeurs d'humanité et de philosophie ; qu'ils « seront tenus dans les deux mois du jour de la signification de « l'ordonnance à intervenir, d'établir des écoles publiques de « théologie composées de deux régents, l'un de théologie scolas-« tique, l'autre de théologie morale, de passer avec eux tels con-« trats qu'ils jugeront à propos pour fixer leurs honoraires..... « finalement à payer aux anciens maîtres la somme de 800 livres « pour leur subsistance provisoire..... »

Le Procureur général rendit aussitôt l'ordonnance suivante :

« Sur quoi nous avons ordonné que les officiers municipaux « seront tenus de s'assembler dans la quinzaine pour fixer les « honoraires des professeurs d'humanité et de philosophie ;

---

(1) Ce n'est que le 19 mai 1762, en présence du Procureur général que le Père Moyné déclara, devant le sieur Landelle, qu'il était dépositaire des objets suivants appartenant à la Congrégation des écoliers : 1 ciboire d'argent ; 1 calice d'argent avec sa patenne aussi d'argent ; 4 chandeliers de métal blanc ; 4 chandeliers de bois noir ; 4 flambeaux, les uns entiers, les autres non-entiers ; environ 1 livre de bougie ; 1 lustre en perles de cristal ; 1 plat de verre ; 1 pupitre d'hautiez ; 1 statue de la Sainte-Vierge en bois doré ; 1 statue de Saint-Joseph en bois doré ; 1 statue de Saint-Louis de Gonzague avec son piedestal aussi en bois doré ; 1 crucifix d'émail ; 2 bouquets d'émail ; 2 espèces de médailles ; 168 volumes ; 2 devants de crédence assez mauvais ; 1 devant d'hotel de bois peint ; 1 cadre de devant d'hotel ; 4 bouquets avec leurs vazes de cristal ; 9 à 10 autres bouquets ; 6 chandeliers de bois doré ; 2 autres espèces de chandeliers de bois ; 1 mauvais chandelier de cuivre ; 1 fontaine de cuivre avec sa cuvette de fayance ; 1 prie-Dieu ; 2 boîtes à pain ; 2 troncs de bois ; 1 boette d'étection ; 2 images ; 1 carton de préparation à la messe ; 1 mauvaise lanterne ; 1 mauvais branquart ; 1 catalogue encadré ; 2 grands rideaux verts avec leurs tergettes ; 2 rideaux d'indienne avec leurs tergettes ; 5 bancs à dossiers ; 1 mauvais fauteuil ; 3 ou 4 chaises de bois ; 2 marchepieds ; 1 grande commode ou vestière ; 2 buffets ou bibliothèque ; 1 hotel avec ses gradins. Lesquels effets ledit sieur Landelle s'est chargé de les représenter toutes les fois et quantes il en sera requis. Signé : Vyau de Baudreuille, Roux. Salonnyer de Faye, procureur du roy, F. Moyné, Landelle, Gourjon et Rogier, greffier.

« *qu'ils feront diligence pour établir, dans les deux mois du jour de*
« *la signification des présentes, des écoles publiques de théologie*
« *composées de deux régents.* Nous établissons le sieur Francois
« Landelle, marchand à Nevers, pour économe séquestre de tous
« les biens des jésuites de cette ville, tant du collège que du sé-
« minaire, lequel acquittera lesdits professeurs de théologie, les
« honoraires des nouveaux maîtres tels qu'ils sont fixés par les
« concordats, et payera aux anciens maîtres la somme de 800 li-
« vres pour leur subsistance provisoire, laquelle somme sera
« remise conformément à l'arrêt du 20 avril dernier au Procureur
« de *la maison du collège où sont réunis tous les jésuites qui occu-*
« *paient le séminaire*, étant réputés ne faire actuellement, ne faire
« qu'un seul et même corps... Permettons au Procureur du roi
« d'informer devant nous des recels, ventes, transactions, dépôts
« qu'il apprendra avoir été faits par les anciens maîtres... »

Toutes ces prescriptions devinrent inutiles à la suite d'un arrêt du 6 août qui fit défense aux jésuites de porter l'habit de la société, de vivre sous l'obéissance du Général et des constitutions de la Société et d'entretenir aucune correspondance directe ou indirecte avec le Général ou les Supérieurs de la Société ou autres préposés, de vivre en commun et qui leur enjoignit de vider les maisons de la société, de prêter serment de fidèlité aux lois du royaume, (1) réservant d'accorder à chacun d'eux, sur leur requête, les pensions alimentaires nécessaires. C'était la première victoire de la liberté religieuse, dit Guizot (2). De nombreuses mesures, qui feraient crier très fort aujourd'hui les gens *bien pensants*, furent prises contre les Jésuites (3). Ceux de Nevers durent quitter le collège. La description de leur bibliothèque fut faite les 3 et 4 septembre 1762 par Jacques-Henry Vyau, seigneur

(1) Le 8 novembre 1762 Guillaume Decray, bourgeois de la ville de Decize, « un des ci-devant soit-disant jesuites » prêta serment de fidélité aux lois du royaume. Le 14 mars 1764, Nicolas Gasté, fit de même; le 21 du même mois Gaspard-François Moreau, fixe sa résidence à Château-Chinon, et le lendemain, Pierre-Achille Longbois, demeurant a Coulanges, se conforma, comme les précédents, à l'arrêt de la Cour du Parlement du 22 février qui prescrivit aux ci-devant jésuites de ne point vivre en commun, de n'entretenir aucune correspondance directe ou indirecte par lettres ou par personne interposée avec le Général, les Supérieurs de ladite ci-devant société ou autre personne par eux préposée.

(2) Histoire de France, T. IV, p. 199.

(3) Archives de la Nièvre, B. 18.

de Baudreuille, lieutenant général au bailliage de Saint Pierre le Moutier; Simon Roux, conseiller audit siège et subdélégué de l'Intendant, et Jacques Sallonnyer de Faye, procureur du roi audit siège, assistés d'un greffier et d'un huissier (1). Il y avait 2.402 volumes dont 50, proscrits par la Cour, ont été distraits, savoir : *Bellarmin*, 2 vol. in f° et 1 vol. in 4° en parchemin; *Benoist Justinien*, 2 vol; *Connink*, 1 vol.; *Corneille de la pierre*, 3 vol; *Delvio*, 5 vol.; *Fernando Rebello*, 2 vol.; *Granadus*, 1 vol; *Garasse*, 1 vol.; *Jean dé Lugo*, 2 vol.; *Lorin*, 3 vol. dont 1 in f° et 2 in 4° en parchemin; *Molina*, 1 vol.; *Mariana*, 1 vol.; *Maldona*, 1 vol. in 4° en parchemin; *Osorius*, 1 vol. in 8°; *Philipater Auperson*, 1 vol. in 8°; *Richeome*, 1 vol. in 8° en parchemin; *Suares*, 10 vol. in f° et 1 in 4° en parchemin; *Serrarius*, 1 vol. in 4°; *Saruzoli*, 1 vol. in 4° en parchemin; *Scribanius* ou *Bonacerius*, 1 vol. in 8° en parchemin; *Sanchez*, 1 vol. in 8° en parchemin; *Tollet*, 2 vol. petit in f°; 2 vol. in 8° en parchemin; *Cello*, 1 vol.; *Escobard*, 2 vol. in 8° en parchemin; *Défense des nouveaux chrétiens et missionnaires de la Chine et du Japon*, 1 vol. in 8° relié veau.

Parmi les livres laissés je relève : plusieurs *Bibles; Cornelius Jansenius; Vincencius Regius*, 3 vol.; *Gasparus Saucius*, 3 vol.; *Depouté*, 1 vol.; *Delahaye*, 2 vol.; *Pineda*, 2 vol.; *Demiendox*, 2 vol.; *Velasquier*, 2 vol.; *Chisselair*, 1 vol.; *Tradus*, 1 vol.; *Fabien Justinien*, 1 vol.; *Richardus*, 1 vol; *Magallianus*, 2 vol; *Parradus*, 2 vol.; *Ribera*, 1 vol.; *Civellus*, 1 vol; *Saint Augustin*, 3 vol.; *Saint Bonaventure*, 2 vol.; *Saint Anselme*, 1 vol.; *Florus*, 1 vol.; *Hyeronimus*, 1 vol.; *Ambrosius*, 1 vol: *Hugon*, 1 vol.; *Chrinbolt*, 1 vol.; *Appianus*, 1 vol.; *Guenois*, 1 vol.; *Stapletton*, 1 vol.; *Gallastimus*, 1 vol; *Natalis*, 3 vol; *Adomancius*, 2 vol.; *le Gaudié*, 1 vol.; *Salazard*, 1 vol. : *Sainte Brigitte*, 1 vol.: *Antoninus*, 4 vol.; *Gerson*, 3 vol.: *Suetone*, 1 vol.; *Bocace*, 1 vol.; *Gauthier*, 1 vol.; *Jules Cesar*, 1 vol.; *Aristote*, 1 vol.; *Peteau*, 1 vol.; *Albert le Grand*, 1 vol.; *Platon*, 2 vol.: *Gallus*, 1 vol.; *Khearequaire*, 1 vol; *Justin*, 1 vol.; *Pline*, 1 vol.; *Daubigné*, 1 vol.: *Ptolémée*, 1 vol.: *Archimède*, 1 vol.; *Calzius*, 1 vol.; *Seneque*, 1 vol; *Juvenal*, 1 vol.; *Strabon*, 1 vol.; *Boerhave*, 1 vol.; *Demosthène*, 1 vol.; *Ciceron*, 3 vol.; *Plaute*, 1 vol.; *Virgile*, 2 vol.; *Aristophane*, 1 vol.; *Erasme*, 1 vol.; *Plutarque*, 1 vol.; *Calpain*, 1 vol.; *Mela*, 1 vol.; *Grégoire de Toulouse*, 1 vol.; *Ovide*, 1 vol.; *Horace*, 1 vol.; *Arborens*, 1 vol.;

(1) La description de la bibliothèque du Séminaire fut faite les 4 et 5 septembre 1762 par les mêmes qui relevèrent 655 volumes desquels il a été extrait 20 proscrits par la Cour.

Enqurerius, 1 vol.; *Antoninus*, 4 vol.; 29 mauvais volumes par différents Pères de l'Eglise; 30 volumes par différents casuistes et spirituels; 36 volumes par semblables auteurs; 90 volumes anciens par divers auteurs de controverse; 149 volumes par divers auteurs mistiques, etc., etc. (1)

XIX

Composition du collège, 3 octobre 1762. — Lettres patentes du roi. — Mémoire des Administrateurs du collège, 13 novembre 1763. — Le Séminaire devient la propriété du diocèse. — Nouvelle composition du collège. — Agissements des Jésuites. — Les Maîtres de pension doivent envoyer au collège leurs pensionnaires de langue latine. — Recettes et dépenses du 1er avril 1772 au 1er novembre 1781. — Domaine et pavillon de Saint-Antoine; la chapelle en ruines est interdite le 1er juillet 1796.

L'engagement des régents provisoires ayant pris fin, les officiers municipaux furent bien obligés de recourir aux mesures nécessaires pour faire vivre le collège. Le 3 octobre 1762, après avoir

---

(1) N'ayant plus à m'occuper des Jésuites, je crois devoir donner ci-après les noms des *Recteurs du Collège* avec les dates des actes où j'ai rencontré ces noms :

1573. Jean Bouglier.
1578. Michel Notel.
1584. Theoffreyde Malaurie.
1591. Jean-Baptiste Atanaze.
1608. Jacques Saillant.
1612. Pierre Pastoureau.
1616. Jean Filleau.
1618. Jacques de Saint Rémy.
1620. Exupère Roger.
1623. Pierre Foucher.
1626. Blaise Chaudessolle.
1629. Jean-Baptiste de Machault.
1634. Antoine Perrin.
1635. Pierre Lesade.
1640. Jérôme Berard.
1643. Anne Gohier.
1646. L. Desgrès.
1647. Jean François.
1650. Richard Poignant.
1652. Mathurin Moireau.
1655. Nicolas Lambert.
1658. Jean Foussier,
1664. Martin Claire.
1669. Pierre Lefort.
1672. Gilbert Girault.
1675. Michel Nyon.
1678. Jacques Lepicard.
1683. Charles de Lormoy.
1684. Charles Lattaignant.
1686. Antoine Darot.
1694. N... Martin.
1698. Pierre Cailhe.
1709. François Morin.
1714. Pierre Foucher.
1724. N... de Bonneuil.
1725. Alexande Roger.
1731. Jacques-Philippe Bunot.
1737. P. Lagny.
1739. Georges Brisson de Plagny.
1747. Philippe-François Brillon.
1750. Jacques-Edmond de Gausson.
1755. Nicolas le Petit.
1759. Charles Chauvreuil.
1762. Maurice-Joseph Bourdas.

consulté Monseigneur l'Evêque, Messieurs du vénérable Chapitre et plusieurs notables, ils nommèrent :

Robert Draguet, prêtre de ce diocèse, docteur en Sorbonne, *Principal ;*

Guillaume-François-Marie Alloury, bachelier en Sorbonne, chanoine, *Professeur de Philosophie ;* (1)

Léonard Robillard, gradué en l'Université de Paris, *Professeur de Philosophie ;* (2)

Jean-Baptiste-François Giroux, prêtre du diocèse de Paris, bachelier de Sorbonne, *Professeur de Rhétorique :*

Nicolas-Louis Vilers, prêtre du diocèse d'Auxerre, *Professeur de seconde ;*

N... Parisot, principal du collège de Varzy, *Professeur de troisième ;*

Jean Martin, diacre du diocèse de Bourges et maître ès-arts, *Professeur de quatrième ;*

Antoine Moreau, sous-diacre du diocèse de Nevers, maître ès-arts, *Professeur de cinquième.*

Le principal, les régents de philosophie et celui de rhétorique devaient recevoir chacun 1.200 livres par an ; les quatre autres régents étaient chacun au traitement de 900 livres. Le payement de ces sommes devait s'effectuer par quartier et par avance. A son traitement, le Principal joignait *la préceptoriale* qui était annexée au collège, et pour laquelle le Chapitre de Nevers payait 120 livres annuellement ; il lui était accordé en plus 150 livres par an, à la condition qu'il ferait dire la messe tous les jours de classe dans l'église ou chapelle du collège, messe à laquelle tous les écoliers devaient assister.

Le principal, les régents de philosophie et celui de rhétorique ne pouvaient être destitués que pour des *causes de droits,* mais la ville se réservait la faculté de renvoyer les autres régents à la révolution de chaque année, *attendu qu'ils ne sont pas gradués de Paris.*

Le 26 octobre, les nouveaux professeurs déclarèrent, à l'Hôtel de ville, qu'ils acceptaient les places destinées à chacun d'eux, qu'ils ouvriraient leurs classes le lendemain des morts, 3 no-

(1) Jean Laviron ne tarda pas à reprendre sa place comme Professeur de philosophie. On le retrouve, clairement désigné, de 1772 à 1785.

(2) Il était précédemment Principal.

vembre, qu'ils rempliraient leurs fonctions avec zèle et exactitude et qu'ils se conformeraient, autant que possible, aux règlements de l'Université de Paris, tant pour la discipline que pour la manière d'enseigner.

Le 12 juillet 1763, un arrêt du Parlement de Paris ordonna que deux officiers municipaux de la ville de Nevers, nommés membres du Bureau d'administration du collège, continueraient à faire partie du Bureau aussi longtemps que dureraient leurs fonctions municipales, si ce n'est dans le cas où elles seraient perpétuelles, cas où ils seraient remplacés au bout de trois ans. Le 22, le même Parlement prescrivit de replacer dans les archives des collèges tous les titres et papiers concernant les collèges des Jésuites situés dans son ressort. et le 23 août il enregistra les lettres patentes données par le roi à Compiègne, le 11 août précédent, en faveur du collège de Nevers, lettres ainsi conçues :

« Louis, par la Grâce de Dieu Roy de France et de Navarre, « à tous ceux qui ces présentes lettres verront, salut. Le collège « de la ville de Nevers, qui doit sa première existence aux bien-« faits des auteurs de notre très cher et bien-aimé cousin, le Duc « de Nevers, et aux libéralités de la dite ville, nous a paru réunir « des motifs suffisants pour nous déterminer à confirmer dès à « présent un établissement si bien fondé et si utile à ce pays, « mais s'il nous a paru nécessaire de régler en même temps tout « ce qui peut intéresser son administration, les dits bienfaits « auxquels il doit son existence nous ont également déterminé à « maintenir notre dit cousin dans tous les droits qui luy appar-« tiennent à si juste titre sur ledit collége et à accorder à ladite « ville, qui a déjà tant contribué à son augmentation, notre « approbation et notre autorité nécessaires pour le soutenir sur « ses deniers patrimoniaux jusqu'à ce que sur le vu des états qui « nous seront envoyés par le Bureau d'administration de ce col-« lège, aux termes de l'article premier de notre Edit du mois de « février dernier, nous soyons en état d'achever de consolider « le dit établissement en nous expliquant définitivement sur ce « qui concerne ses revenus et les bénéfices qui y ont été ou pour-« raient y être unis. A ces causes et autres à ce nous mouvant, « de l'avis de notre Conseil, et de notre certaine science, pleine « puissance et autorité royale, nous avons par ces présentes, « signées de notre main, déclaré et ordonné, déclarons et ordon-« nons, voulons et nous plaît ce qui suit :

« ARTICLE I. — Le collége de la ville de Nevers sera et de-
« meurera conservé, confirmant en tant que de besoin est ou
« serait l'établissement ancien dudit collége.

« ARTICLE II. — Le collège sera composé d'un *Principal* aux
« appointements annuels de douze cents livres, outre le revenu
« de cent vingt livres pour la Prébende préceptorale ; de *deux*
« *professeurs de Philosophie* et d'*un professeur de Rhétorique* aux
« appointements de douze cents livres chacun ; de *quatre régents*
« de *cinquième, quatrième, troisième et seconde* aux appointements
« de neuf cents livres chacun, et d'*un aumônier*, chargé de dire
« la messe tous les jours, auquel il sera payé annuellement pour
« honoraire la somme de cent cinquante livres.

« ARTICLE III. — Les places de Principal, Régents et Profes-
« seurs dudit collége seront remplies par des personnes ecclé-
« siastiques ou séculières et l'enseignement y sera gratuit et
« conforme aux usages et méthodes de l'Université de notre
« bonne ville de Paris.

« ARTICLE IV. — Il sera accordé par le Bureau d'Adminis-
« tration auxdits Principal, Professeurs et Régents quatre cents
« livres de pension émerite après vingt années de service et
« ladite pension pourra même leur être accordée en cas que des
« infirmités habituelles les missent hors d'état de continuer
« leurs fonctions si ledit Bureau a été content d'eux.

« ARTICLE V. — Les biens et revenus dudit collége seront
« réglés par le Bureau d'Administration en la forme prescrite
« par notre Edit et les deux officiers municipaux qui doivent
« être membres dudit Bureau, conformément à l'article six de
« notre Edit, seront pris parmy ceux qui font toujours partie de
« l'Administration municipale de ladite ville.

« ARTICLE VI. — Et en attendant que, sur le vu des Etats qui
« nous seront envoyés en conséquence de l'article premier de
« notre Edit, nous ayons pu faire connaître plus particulière-
« ment nos intentions sur ce qui concerne les revenus dudit
« collége et les bénéfices qui y ont ou pourroient y être unis,
« nous autorisons par ces présentes, et sans qu'il soit besoin
« d'aucune autre autorisation. ladite ville à prendre sur ses
« revenus patrimoniaux les deniers qui pourraient être néces-
« saires pour le maintien dudit collége.

« ARTICLE VII. — L'acte de dotation du collége du sept may 1578
« sera exécuté et en conséquence notre dit Cousin continuera de
« jouir de tous les droits qui luy appartiennent en qualité de

« fondateur dudit collége, les oraisons, la messe solennelle et la « présentation du cierge le jour de saint Louis auront lieu « comme par le passé. Voulons même que tous droits d'inspec- « tion qui pourraient luy appartenir dans ledit collége luy soient « entièrement conservés et que les deux officiers de son bailliage « ducal qui assisteront audit Bureau, conformément à l'article six « de notre Edit, soient tenus de s'informer de tout ce qui « concerne ladite Administration.

« Article VIII. — Voulons au surplus *que ledit college soit « tout en régie,* gouverné et administré en la forme et suivant les « règles prescrites par notre Edit du mois de février dernier, « qui y sera exécuté selon sa forme et teneur. Si donnons en « mandement à nos amis et féaux conseillers les gens tenant « notre Cour de Parlement de Paris que ces présentes ils ayent « à faire registrer et le contenu en icelles exécuter selon sa forme « et teneur. Car tel est notre plaisir.

« En témoin de quoy nous avons fait mettre notre scel à ces « dites présentes. Donné à Compiègne le onzième jour du mois « d'août l'an de grâce 1763 et de notre règne le quarante huitième.

« Signé : Louis.

« Par le Roy : Phelippeaux.

« Registré ces présentes au Parlement le 23 août 1763 ».

Les Jésuites avaient administré le collège comme bon leur avait semblé aussi bien au point de vue des revenus qu'a celui du choix des régents. Personne, pas même le duc de Nevers, n'avait cherché à s'immiscer dans leur administration. Par les lettres patentes que nous venons de citer, le Bureau d'Administration étant chargé de régler tout ce qui concernait les biens et revenus du collège, son attention fut de suite attirée par l'article VI au sujet duquel, le 12 novembre 1763, il présenta les observations suivantes :

« Les deniers patrimoniaux de la ville de Nevers sont peu « considérables et ont leur destination fixe et déterminée par un « arrêt du Conseil de 1730. Ainsi il est nécessaire de faire ajou- « ter, dans l'art. 6 des lettres patentes que le Roi a accordées en « faveur du collége de cette ville, à la suite des mots *sur les « deniers patrimoniaux* ceux-ci *et d'octroi.* La ville est très dis- « posée à tirer un mandement des deniers nécessaires pour le « maintien du collége sur ses octrois, mais elle le feroit inuti-

« lement n'y estant pas expressément autorisée, et le Receveur « s'estant expliqué qu'il ne pouvoit l'acquitter à moins que ces « mots *d'octrois* ne soient insérés dans les dites Lettres, et ayant « communiqué une lettre de son Procureur à la Chambre des « Comptes par laquelle il lui marque qu'autrement les man- « dements qui seroient tirés sur les octrois ne lui seroient point « alloués dans la dépense de ses comptes, les Administrateurs « se trouvent actuellement hors d'état de payer les appointemens « du Principal, des Professeurs et Régens à chacun des quels il « est dû deux quartiers ».

Il est probable que cette affaire fut réglée conformément aux observations du Bureau.

L'article VII accordait au duc de Nevers des droits d'inspection tout spéciaux. Notre duc ne dira rien jusqu'en 1782 mais surveillera de très près tout ce qui se fera sans son agrément.

Quant à ce qui concernait le prieuré de Saint-Sauveur, l'évêque de Nevers, Tinseau, arriva à obtenir qu'il devint la propriété du diocèse. Ce prieuré cessa donc d'être une dépendance du collège. C'est le 6 août 1766 que l'évêque rendit son décret d'union et c'est le 24 août 1767 que le roi donna son approbation. Cependant, pour des raisons que je n'ai pu découvrir, l'approbation royale ne fut signifiée à M. Vyau de Baudreuille que le 30 juin 1768.

J'ignore le temps pendant lequel les régents, nommés le 30 octobre 1762, restèrent en fonctions, mais j'ai pu me procurer les renseignements suivants qui suffiront pour nous éclairer sur la destinée de quelques-uns d'entre eux et sur celle de leurs successeurs :

Principal : l'abbé Gabriel Miné, licencié en théologie de la Faculté de Paris. Fut retraité à 400 livres et est alors qualifié chanoine de l'église métropolitaine de Tours.

Philosophie : Jean Laviron, était à la retraite en 1785 avec 400 livres.

Physique : l'abbé Nicolas-Louis Villers, cessa ses fonctions le 31 juillet 1787 ; retraité à 400 livres, il touchait 600 livres en 1789 et était chanoine de Nevers.

Rhétorique : l'abbé Jean-Baptiste-François Giroux, démissionna le 4 mars 1782, fut retraité à 400 livres ; il était chanoine d'Auxerre. Il fut remplacé par l'abbé Antoine-Claude Bruandet, professeur de seconde,

Seconde : l'abbé ISAMBERT exerça jusqu'au 12 mars 1772, devint curé de Moulins-Engilbert. Fut remplacé par Guillaume Thollé, professeur de Troisième, qui, nommé curé de Vandenesse le 31 décembre 1772, eut pour successeur l'abbé Bruandet.

Troisième : l'abbé GUILLAUME THOLLÉ, vicaire de Vandenesse de 1760 à 1763, vicaire de Saint-Etienne de Nevers de février 1763 au 21 septembre 1764. Peut-être professa-t-il à La Flèche. On le trouve à Nevers en 1767 comme professeur de Troisième, devient professeur de Seconde en 1772, et est remplacé par l'abbé Antoine-Claude Bruandet qui devait devenir professeur de Seconde, puis de rhétorique (1).

Quatrième : l'abbé MARTIN ; passa à la classe de 3e le 12 mars 1772 et fut remplacé par l'abbé Adrien Lallemand, sous-principal. Il fut retraité à 400 livres et mourut comme curé de Coulanges-les-Nevers le 17 novembre 1788.

Cinquième : l'abbé MOREAU, fut pourvu d'une cure le 12 mars 1772 et fut remplacé par l'abbé Frebault.

Sous-Principal : cette fonction fut créée en 1768 et confiée à l'abbé ADRIEN LALLEMAND, qui était entré au collège en 1766 comme maître de quartier, n'étant encore que clerc minoré. Il fut Sous-Principal jusqu'au 12 mars 1772, moment où il obtint la classe de Quatrième, classe où il resta jusqu'en 1784, année dans laquelle il professa la Troisième. C'est l'abbé Frebault qui lui succéda dans cette dernière classe.

Remarquons en passant que, par un arrêté du 25 mars 1764, le maire et les échevins fixèrent à cinq le nombre des maîtres d'école, dont deux pour le latin et trois pour le français. Les maîtres pour le latin eurent le droit de faire répéter chez eux et en ville les écoliers du collège depuis la 5e jusqu'à la rhétorique, et les maîtres pour le français purent faire dire à leurs élèves le rudiment, leur faire faire des noms et des verbes pour les mettre en état d'entrer chez les maîtres latins.

La ville se faisait donc concurrence. Nous verrons plus loin que les maîtres de pension qui faisaient la même chose furent rappelés à l'ordre en 1779.

En 1785, les quittances des professeurs de philosophie et de rhétorique sont signées : Villers, Bruandet, Pointeau, et celles

(1) L'abbé Bruandet était né le 22 septembre 1748.

des professeurs de 2e, 3e, 4e et 5e : Robinot, Lallemand, Bonnamy.

Revenons un peu en arrière.

Les jésuites, non vaincus, font agir leurs anciens élèves devenus puissants et donnent une continuelle occupation au Parlement de Paris qui condamne successivement à être lacérés et brûlés par l'exécuteur de la haute justice les imprimés intitulés : *Lettres d'un docteur de Sorbonne. — Il est temps de partir. — Tout se dira ou l'Esprit des magistrats destructeurs,* et qui renouvelle ses défenses de recevoir, publier ou exécuter, imprimer, vendre ou distribuer aucunes bulles ou brefs de la Cour de Rome sans lettres patentes du roi (1).

Enfin, par l'Edit, donné à Versailles au mois de novembre 1764, la Société de Jésus fut supprimée en France. L'agitation cléricale n'en continuera pas moins. Malgré les multiples défenses du Parlement, les brefs du Pape sont publiés sans la permission royale.

Les Assemblées du clergé de France, tenues en 1765, dans différents diocèses sont censurées par le Parlement qui fait défense à toutes personnes de donner aucun effet aux actes d'adhésion à ces assemblées ou d'en faire de nouveaux et enjoint à tous les ecclésiastiques de se conformer aux lois, notamment aux déclarations des 2 septembre 1754 et 10 décembre 1756. Rien n'y fait, on croirait vraiment qu'on ne vit pas sous un roi très chrétien. Le 9 mai 1767 le Parlement de Paris est obligé de déclarer solennellement que *la Société de Jésus est ennemie de toute puissance et autorité légitime, de la personne des souverains et de la tranquillité des Etats,* et d'expulser du royaume tous ceux qui étaient membres de la dite Société à l'époque du 6 août 1761, à l'exception de ceux qui ont prêté le serment ordonné par les arrêts des 6 août 1762 et 22 février 1764 (2). Six jours plus tard il ordonne de placer ceux des ci-devant Jésuites qui devraient quitter le royaume, mais dont l'âge et les infirmités les en empêcheraient, dans les maisons religieuses ou hôpiaux les plus voisins du lieu de leur résidence pour y être soignés et surveillés. Le Parlement eût beau faire, les Jésuites avaient pour eux la du Barry et son favori René-Nicolas-Charles-Augustin de Maupeou qui devint chancelier de France en 1768. Cependant il eut le

(1) Archives de la Nièvre, B. 18.

(2) Archives de la Nièvre, B. 18. Ces arrêts ordonnent, dans la huitaine, la prestation du serment à tous les anciens membres de la Société de Jésus.

temps d'autoriser, le 14 août 1769, les administrateurs du collège de retirer des mains du sieur Bron, notaire à Nevers, séquestre des biens appartenant aux ci-devant soi-disant jésuites la somme de trois mille livres provenant des arrérages par eux perçus de *déux parties de rentes, l'une sur les aides et gabelles, l'autre sur les inspecteurs des vins* et ce pour acquitter les charges du collège.

Intriguant avec le duc d'Aiguillon et l'abbé Terray, Maupeou finit par renverser le ministère dirigé par le duc Etienne-François de Choiseul. Le Parlement est alors exilé et remplacé par ce qu'on appelait le Conseil du Roi et qui porte, dans l'histoire, le nom de Parlement Maupeou.

Les Jésuites se préparent aussitôt à la vengeance, combinent habilement, avec leurs partisans, de nombreuses machinations pour reprendre leur place dans les collèges. La Providence divine ne fut pas avec eux. Louis XV meurt en 1774 et le Parlement Maupeou disparaît. Il n'y a plus alors pour les Jésuites, qu'à s'agiter dans l'ombre et attendre.

Certains maîtres de pension faisant une trop grande concurrence aux colléges, le Parlement ordonna, le 6 août 1779, que « dans les villes de son ressort où il y a des collèges les maîtres « de pension établis dans les dites villes et ceux qui pourront s'y « établir dans la suite, même ayant le grade de maîtres-es-arts, « seront tenus de mener, ou envoyer par des personnes sûres, « aux colléges établis dans les dites villes, tous leurs pensionnaires étudiants la langue latine qui seront en état de fréquenter la cinquième; que les dits maîtres de pension se borneront « à faire lire, écrire leurs pensionnaires et à leur enseigner les « premiers éléments de la langue latine pour les mettre en état « d'entrer en cinquième; que néanmoins les dits maîtres de « pension pourront faire répéter aux pensionnaires qu'ils auront « chez-eux, ainsi qu'aux externes qui fréquenteront les classes « des dits colléges, les leçons de leurs professeurs..... » Cette mesure fut généralement observée longtemps même après sa date.

Nous avons vu que le 11 août 1763 le roi avait ordonné que les biens et revenus du collège seraient réglés par le Bureau d'Administration et que *le dit collége serait tout en régie*.

Je n'ai rien pu trouver sur les premières années. Les administrateurs (1) avaient chargé M. Pierre-Louis Thierry d'Arsenne,

(1) J.-A. Tinseau, évêque de Nevers; Lévesque, maire, Chaillot de la Chasseigne, Lempereur de Bissy, l'abbé Dorlet et Miné, principal.

écuyer, valet de chambre du roi, receveur de ses droits pour la ferme générale et de ceux de la ville de Paris, de toucher pour eux, à Paris, différentes rentes. Le 6 juin 1773 il rendit compte de ce qu'il avait touché et se reconnut redevable de 156 livres 2 sols et 6 deniers. Il continua à toucher les rentes jusqu'aux six premiers mois de 1776. Dans l'intervalle de ces trois années, il fit plusieurs payements mais ne liquida pas ce qu'il devait. Les Administrateurs sollicitèrent vainement un compte définitif. Las d'attendre, ils prirent le parti, au mois d'août 1778, de le faire assigner au Bureau de la ville. M. Thïerry d'Arsenne fut condamné, le 26 août, à payer 3.346 livres 13 sols 6 deniers en monnaies ou quittances valables. Attendu sa qualité d'officier commensal de la maison du roi, il s'adressa au lieutenant civil et criminel de la Prévôté de l'Hôtel-de-Ville afin d'obtenir que l'affaire fut évoquée devant lui à peine de nullité et cinq cents livres d'amende. Il obtint une ordonnance conforme à ses désirs, mais les Administrateurs du collège n'en continuèrent pas moins leurs poursuites. Il se pourvut en la Cour qui le reçut appelant. Je n'ai pas mis la main sur les pièces indiquant la fin du procès. Mais j'ai rencontré « l'état de la recette et de la dépense du collége faite par « M. le Principal depuis le 1 avril 1772 jusqu'au 4 novem- « bre 1781 ». Dressé par le Principal, M. l'abbé Gabriel Miné, l'état est fort intéressant à tous les points de vue et les lecteurs, désireux de faire des comparaisons, y trouveront de précieuses indications. A cause de son étendue j'ai cru devoir le placer aux pièces justificatives et je me permets seulement de donner à propos de *Saint-Antoine* les renseignements suivants :

Après le départ des Jésuites ce fut le Bureau du collége qui eût la charge de l'Administration des biens (1). Le 24 février 1767 MM. Charles Guillier de Monts, lieutenant-général au bailliage et pairie de Nevers ; Louis-François Chaillot de la Chasseigne, procureur général au même bailliage ; Guillaume Prisye, maire de la ville de Nevers, et Gabriel Miné, principal du collège, firent procéder à l'adjudication, pour neuf ans, qui commenceront le 1 mai 1767, de la ferme du *domaine de Saint-Antoine*. D'après le cahier des charges ce domaine consistait « en *bâtiments* de « métayer, la *volière* et les pigeons qui y sont, le *pavillon* de « maître, prés, terres, labourables, patureaux, aisances et appar-

(1) A l'exception de la régie confiée à François Landelle, du 17 mai au 1 juillet 1762. Le compte de sa gestion figure aux Pièces justificatives.

tenances y compris le droit d'usage dans la forêt d'Usseau. Les deblures de gros et petits bleds qui se trouveront emblavés à la fin du bail appartiendront en entier à l'adjudicataire, attendu qu'il n'en prendra point lors de son entrée et ne pourra forcer les tournures. L'adjudicataire sera tenu de faire consommer les foins et les pailles par les bestiaux du domaine et de voiturer chaque année toutes les graisses et poutures qui en proviendront dans les terres d'iceluy sans pouvoir en divertir aucune chose. Il délaissera à la fin du présent bail les prés et patureaux bien et dûment bouchés et coupera les prés et les fauchera tous les ans le plus près des hayes que faire se pourra et empêchera les épines de croître. Il fera tous les charrois nécessaires pour les réparations des bâtiments dudit domaine « et donnera par chacun an à M. le Principal du collége 6 din- « dons et 36 pigeonneaux dans le temps qu'ils lui seront deman- « dés. Ne trouvant à son entrée aucuns bestiaux, l'adjudicataire « n'en laissera aucun à sa sortie. Il payera, sans diminution de « prix, au seigneur de Sermoise 2 boisseaux d'avoine par an « pour droit de blairie à cause du *revivre de la prairie des Noues* « dans laquelle le collége a le droit de faire paccager ses bestiaux « et il en rapportera quittance annuellement. Le collége pourra « faire détruire le pavillon de Saint-Antoine sans que l'adjudi- « cataire puisse prétendre aucun dédommagement. L'adjudica- « taire sera tenu aux réparations locatives et jouira en bon père « de famille; les administrateurs le tiendront clos et couvert. Il « sera tenu de voiturer dans les granges du domaine les gros et « petits bleds appartenant au fermier actuel au moien de quoi « les pailles lui appartiendront. Il donnera bonne et suffisante « caution et paiera les frais de l'adjudication, etc., etc. » Adjugé à Charles Autour, marchand à Saint-Antoine, pour 350 livres.

Dans le courant de juin 1776 M. Miné, Principal, écrit à l'Evêque que la *chapelle de la maladrerie de Saint-Antoine est entièrement en ruines*, que depuis longtemps il n'y a été fait aucun service divin à cause de son mauvais état, qu'elle est totalement dépourvue d'ornements, vases sacrés, linges, etc., qu'elle n'est d'aucune utilité et qu'elle pourrait servir à d'autres usages si sa Grandeur le permettait après en avoir prononcé l'interdiction.

Le 1er juillet 1776 l'évêque Tinseau se rendit en personne à la chapelle, la visita et en prononça l'interdiction. Depuis lors on ne trouve plus que divers mémoires concernant *la chambre et la boutique du maréchal.* En 1786 on construit la cheminée de cette chambre et boutique, et la dépense s'élève à 117 livres 14 sols, dans laquelle je relève :

14 journées.................	17^{l} 10^{s}
50 clous de 4 doigts........	»» 09
225 tuiles..................	4 10

A cette dépense de 117 l. 14 s. le serrurier ajouta 165 l. 10 s. pour son compte particulier.

CHAPITRE XX

Réclamation du duc de Nevers en sa qualité de fondateur. Entrevoyant le retour possible des Jésuites, il cherche à mettre le collège entre les mains d'une congrégation. Il échoue deux fois. Il revendique, en 1782, le droit de nommer les professeurs. Parmentier agit. Délibération du Bureau. Opposition du duc. Lettre de l'évêque. Assignation. Requête du Bureau. Le collège, dirigé par des ecclésiastiques, n'est cependant pas soutenu par la municipalité. Réquisition du Procureur général. Mémoire présenté par le Bureau et apostillé par l'évêque. Le Bureau a le droit de choisir le Principal et les régents.

Depuis les lettres patentes du roi, du 11 août 1763, le Bureau du collège avait dirigé, sans contestation aucune, l'établissement dont il avait l'administration. Le duc de Nevers n'avait fait entendre aucune réclamation. C'est seulement en 1779 que Parmentier, procureur général au domaine du Nivernais, porta au Bureau une lettre dans laquelle le duc se plaignait de ce qu'on ne lui déférait pas tous les droits qui paraissaient attachés à sa qualité de fondateur. On mit sous les yeux de Parmentier les lettres patentes de 1763 et il parut satisfait.

L'année suivante, le duc, entrevoyant un retour possible des jésuites, forma le projet, en sa qualité de fondateur, de mettre le collège entre les mains d'une congrégation religieuse. Il s'adressa aux Doctrinaires (prêtres de la doctrine chrétiennes) (1), dont les membres, conduits par deux personnes de confiance du duc et par le maire et le procureur du roi de la ville visitèrent le

(1) Cette congrégation fut réunie un moment aux Somasques ou Clercs réguliers de Saint-Mayeul, puis aux Oratoriens.

collège en détail au mois de juin 1781. Ce projet ne réussit pas. Le duc se mit alors en rapport avec les Bénédictins de Saint-Maur qui, dans le courant du mois de septembre, vinrent au collège. Cette seconde tentative ne réussit pas mieux que la précédente.

En mars 1782, le professeur de rhétorique ayant donné sa démission, le Bureau décida qu'il lui donnerait un successeur dans sa séance du 11 avril suivant. Averti du fait, le duc adressa, le 9 avril, à MM. les administrateurs du collège, la lettre suivante :

« Je viens d'apprendre, Messieurs, qu'il y a ou qu'il y aura « bientôt des places de professeurs de vacantes au collége de « Nevers : je me flatte que vous ne perdres pas de vue que ce « collége est de la fondation des Ducs de Nevers, que comme « fondateurs et aux termes mêmes des lettres patentes du 11 août « 1763, j'ai seul le droit d'y nommer ; aussi je vous prie de vouloir « bien m'informer des projets que vous aves arrêtés à ce sujet et « de ne point faire d'Election sans au préalable avoir pris mon « agrément. Vous n'ignorés pas que la qualité de fondateur donne « des droits honorifiques et utiles sur la chose fondée ; celui de « nomination des sujets pour desservir la fondation a toujours « été rangé dans la classe de ceux qui sont incontestables. Les « actes des 3 juillet 1572, 27 mars 1578 et 11 janvier 1607 attestent « que le collége de Nevers doit son existence à Ludovic de Gon-« zague et Henriette de Clèves qui en ont fait la première dota-« tion. De ce seul fait résulte le droit de nomination des profes-« seurs en faveur des Ducs de Nevers.

« Ce droit a été suspendu tant que le collége a èté desservi par « des communautés régulières, mais il n'a pas été anéanti, il a « dû reprendre vigueur aussitôt que la retraite des jésuites a « donné lieu à des nominations. Je me serois opposé aux délibé-« rations arrètées sans mon agrément les 3 et 26 octobres 1762, « sans les égards que j'ai toujours eu pour M. l'Evêque ; cepen-« dant comme il était bon que mes droits fussent conservés et « reconnus j'en écrivis à ce digne prélat le 1er novembre 1777. Sa « réponse du 8 du même mois me rassura et je n'ai pas le moindre « soupçon que Messieurs les administrateurs veuillent me con-« tester mes droits. Mais je serois bien aise qu'ils fussent cons-« tatés par un acte en forme de transaction afin que les nomina-« tions ne se fissent plus par provision sans mon agrément.

« Faites moi je vous prie, Messieurs, le plaisir de me mander « quel est le sentiment du Bureau à cet égard et si je puis espérer « que cette affaire s'arrange à l'amiable comme je le désire, c'est « pour y parvenir et pour la conservation de mes droits que j'ai « chargé mon procureur Général de vous en faire la réquisition.

« J'ai l'honneur d'être très parfaitement, Messieurs, votre très « humble et très obéissant serviteur.

« Signé : LE DUC DE NIVERNOIS ».

Deux jours après Antoine Parmentier, que tous les Nivernais chercheurs connaissent, procureur général du duc, fit signifier aux administrateurs du collège le très long réquisitoire qui suit et qui se trouve aux Archives Nationales, manuscrits de Fleury, piéce 172 :

« L'an mil sept cent quatrevingt deux le onzième jour d'avril, « heure de sept avant midi, à la requête du procureur général au « domaine de Monseigneur le duc de Nivernois, Pair de France, « demeurant à Nevers, rue et paroisse Saint-Trohé où il a élu « son domicile, je, Gilbert-Joseph Decheverry, huissier à la « connétablie et maréchaussée de France, reçu au siège général « de la Table de Marbre du Palais à Paris, demeurant à Nevers, « rue des Marmouzets, paroisse Saint-Arigle, exploitant dans « tout le royaume, soussigné, me suis exprès transporté en la « maison et domicile de Mᵉ Roch-Pierre Boury, notaire royal et « au duché de Nivernois, demeurant à Nevers, rue de la Parche- « minerie, paroisse Saint-Jean, où étant j'ai à Messieurs les « administrateurs du collège de cette ville de Nevers, en parlant « audit Mᵉ Boury, leur secrétaire, fait savoir que ce collège a été « originairement fondé le 3 juillet 1572 par Mgr Ludovico de « Gonzague et Madame Henriette de Clèves, duc et duchesse de « Nivernois, pour être tenu et desservi par les jésuites : que sur « quelques causes difficile à entendre, cette première fondation a « été renouvelée par un second contrat du 27 mai 1578, et ensuite, « lors de la rentrée des jésuites par un troisième acte du 11 jan- « vier 1607 : lesquels actes contiennent le détail des biens assignés « pour la dot et l'entretien du collège, les charges, clauses et « conditions de la fondation.

« Que les jésuites ont occupé et gouverné le collège jusqu'en « l'année 1762, époque de leur dissolution : que comme l'édit du « mois de juillet 1763 portant réglement pour les collèges qui ne

« dépandent pas des Universités, et les Lettres patentes en faveur « du collège de Nevers du 11 août de la même année, enregistrées « au Parlement le 23 du même mois, n'y ont introduit une nou- « velle forme de régie qu'avec la déclaration expresse que c'était « sans préjudice aux droits des fondateurs, ces deux lois n'ont « pu apporter que les changements indispensables ; que cepen- « dant l'exécution en a été portée trop loin.

« Qu'il faut convenir que le collége de Nevers doit sa pre- « mière existence aux bienfaits des auteurs de Monseigneur et « aux libéralités des habitants de cette ville, et que peut-être les « libéralités ont dépassé le montant de la dot primitive, mais « qu'enfin Monseigneur en est seul fondateur jugé et qu'à cette « qualité exclusive sont attachés des droits, qui pour n'avoir pas « été assez connus, ont reçu des atteintes csnsidérables, qu'il est « du devoir du Procureur général au domaine de mettre sous les « yeux de Messieurs les administrateurs. Qu'il est de maxime « certaine que tout fondateur demeure propriétaire des lieux « dédiés ou destinés à l'établissement quelconque quoiqu'il en « transfère la possession à tel ou tel autre refuge public ; que « cette maxime a été avancée et pratiquée par Messieurs du « Corps municipal de cette ville, lesquels ont mis les nouveaux « maîtres, successeurs des jésuites, en possession des lieux que « la ville avait autrefois attachés au collège. Qu'une seconde « maxime est que s'il n'appartient qu'au propriétaire de l'édifice « d'en accorder la possession à un tiers, ce tiers doit être à son « choix et à sa nomination et non pas à la volonté d'un autre, « que c'est sur ce principe qu'est fondé le droit des collateurs, « celui d'affermer son bien, d'en donner la jouissance à l'un « plutôt qu'à l'autre par des dispositions entre-vifs ou à cause de « mort, etc...

« Que le concordat que le Corps de Ville a fait le 26 octobre « 1762 avec les nouveaux maîtres est contraire à ces deux règles « et blessent ouvertement les droits de Monseigneur, qu'aussi la « Cour de Parlement n'a pu l'approuver. Qu'il est constant que « le Corps de Ville n'a pu valablement disposer au profit de ces « nouveaux maîtres des bâtiments du collège, de la maison alors « louée 60 livres et après 312 livres, du domaine de Saint-Eloi, « ni de la rente de 2.000 livres à percevoir sur le duché ; que « Monseigneur était et est toujours propriétaire de tous ces biens « qui sont de sa fondation ; que lui seul pouvait en accorder la « possession ; que nul autre que lui n'a eu droit de la concéder

« parce qu'on ne peut pas régulièrement disposer de la chose « d'autrui sans son agrément, que c'est donc par erreur que le « Corps municipal en a disposé sans la participation et le con- « sentement de Monseigneur et en faveur de personnes qui lui « étaient inconnues. Ce qui est un premier préjudice dont l'hon- « nêteté de Messieurs les officiers municipaux actuels ne man- « queront probablement pas de relever mondit seigneur. Que « l'exécution des Lettres patentes du 11 août 1763 exige aussi « plusieurs explications auxquelles il semble audit procureur « général au domaine que mes dits sieurs les officiers munici- « paux peuvent difficilement se refuser, qu'il est dit dans l'article « 7 que l'acte de donation du 27 may 1578 sera exécuté, mais que « ces termes ne paraissent pas suffisants. Car, quoique la pre- « mière fondation du 3 juillet 1572 soit relatée et confirmée dans « celle de 1578, celle-ci ne parle pas et ne pouvait parler de la « troisième et dernière du 11 janvier 1607 qui est la plus intéres- « sante pour le collége. En sorte qu'il reste en question si Mon- « seigneur n'est pas en droit de reprendre la partie des bâtiments « du collége qui y a été ajouté depuis 1578 avec le domaine de « Saint-Eloi non donnés par l'acte de 1578 mais compris dans « celui de 1607 ; ce sur quoi il est nécessaire de s'expliquer et de « s'entendre, Que les mêmes articles portant *Notre dit cousin « continuera de jouir de tous les droits qui lui appartiennent en « qualité de fondateur dudit collége*, ces expressions presque aussi « peu entières que les premières pouvant par la suite occasionner « des discussions désagréables lesquelles il est important de « prévenir en demeurant d'accord quels sont en général les droits « d'un fondateur et quels sont en particulier ceux de Monsei- « gneur résultant desdits actes de fondation. Que tout fondateur « ou patron parceque *patronum faciunt dos, œdificatio, fundus* et « que les droits généraux des fondateurs ou patron ont été ren- « fermés par les auteurs dans ces deux vers :

Patrono debetur honos, onus, emolumentum
Præsentet, præsit, deffendat, alatur egenus.

« Que dans le nombre de ces droits il y en a de très analogues « aux circonstances, savoir ceux qu'on appelle honorifiques de « premier ordre, qui comprennent la nomination des desser- « vants, la preference à l'église, aux assemblées, aux proces- « sions, à l'offrande immédiatement après le clergé; le droit « d'avoir le premier l'eau bénite par présentation, le pain béni,

« l'encens, la recommandation nominale aux prières publiques, « banc et séance, sépulture au chœur quand il y en avez (?), litre « et ceinture funèbre autour de l'église en dedans et en dehors. « Qu'il faut donc respectivement convenir que Monseigneur a le « droit général de présider en personne ou par ses officiers à « l'église, aux assemblées, aux processions et aux offrandes de « la chapelle du collége immédiatement après le clergé, d'avoir « le premier l'eau bénite par présentation du goupillon, l'encen- « sement, le pain béni, un banc et séance au lieu le plus honora- « ble pour lui ou ses officiers qui se trouveront pour le représenter « selon les circonstances, et le droit de sépulture pour lui et ses « successeurs dans l'endroit le plus distingué de la dite chapelle « à son choix : qu'il a pareillement le droit de faire peindre une « litre ou ceinture funèbre en dedans et en dehors et de faire « mettre un écusson à ses armes au lieu le plus apparent de « l'entrée dudit collège, tous lesquels droits ne peuvent être « prétendus par qui que ce soit au préjudice de mondit seigneur, « ledit Procureur général au domaine espère que mes dits sieurs « les Administrateurs lui en fourniront sans difficulté leur recon- « naissance à la première invitation qu'il leur en fera.

« Qu'au particulier, les oraisons qui, aux termes du dit « article, doivent avoir lieu comme par le passé, sont inconnues « ne se trouvant dans aucun livre ; partant, observe ledit Procu- « reur général au domaine, qu'il est de la sagesse de mesdits « sieurs administrateurs de prier Monseigneur l'Evêque de les « examiner et, s'il les trouve toujours convenables, de pourvoir « à ce qu'elles soient imprimées et mises entre les mains des « Ecoliers pour être récitées conformément aux titres suivant les « dites Lettres patentes et ledit arrêt d'enregistrement de « juillet.

« La messe solennelle et la présentation du cierge le jour de « saint Louis que cet article qui concerne les maîtres préposés à « la desserte du collége semble n'avoir pas été exécuté jusqu'à « présent, comme il aurait pu l'être. Ce qui peut provenir à « l'égard de la messe de ce qu'il n'est pas marqué dans le titre si « ce sera une messe de *Requiem* pour les fondateurs morts, une « messe votive pour Messeigneurs et Dames les ducs et duchesses « de Nivernois comme celle pour la ville et les habitants qui se « trouve à la page 71 du Missel, ou simplement une messe haute « en l'honneur de saint Louis telle qu'elle est au 25 août page 434 « du Missel, qu'il paraîtrait convenable que ce fut une messe

« votive pour Messeigneurs les ducs et duchesses du Nivernois
« et qu'il serait peut être à propos d'engager mondit Seigneur
« l'évêque de Nevers à vouloir bien la composer, et que l'impres-
« sion en fut procurée afin qu'on ne put point en prétendre cause
« d'ignorance dans le collége. Et que quant à la présentation du
« cierge, si quelquefois elle n'a pas eu lieu à cause de l'absence
« de M. le lieutenant général lors de la messe de Saint Louis et
« faute d'y avoir été substitué par un autre officier de Monsei-
« gneur, il serait jugé à propos qu'il fut apporté dorénavant
« quelque attention et qu'au moins les maîtres fussent avertis de
« leur obligation à cet égard afin qu'il ne puissent pas par la
« suite exciper du non service de quelques années pour s'en
« prétendre libres et affranchis.

Que relativement à cette clause : « *Voulant même que tous
« les droits d'inspection qui pourraient lui appartenir dans ledit
« collége lui soient entièrement conservés*, il y a lieu de dire que
« tout fondateur a droit d'inspecter si l'économie de la fondation
« n'éprouve pas quelque dérangement et si les conditions qui y
« ont été imposées s'exécutent fidèlement. Car comment défen-
« dra-t-il le droit de l'établissement, comment sera-t-il averti de
« l'influence des maîtres, comment veillera-t-il à la police inté-
« rieure du collége et comment raménera-t-il les choses en bon
« ordre et à l'esprit de la fondation s'il n'a point connaissance
« de la manutention? Que les deux officiers de justice qui,
« suivant l'article 6 de l'Edit de 1763, sont membres du bureau,
« ne peuvent pas remplir le droit de Monseigneur par la simple
« délégation que l'article 7 leur impose de l'informer de tout ce
« qui concerne l'administration, parce que leurs fonctions plus
« nécessaires et plus importantes pour le public ne leur permet-
« tent pas de s'appliquer à cet objet, ce qui se vérifie par les huit
« remplacements de maîtres qui ont été faits depuis 1762 sans
« que Monseigneur en ait été informé.

« Que l'article 20 de l'Edit qui veut que l'intérieur du collège
« soit inspecté par l'un des Administrateurs qui sera nommé par
« le Bureau à cet effet, bien loin de maintenir le droit d'inspec-
« tion qui appartient à Monseigneur en sa qualité de fondateur
« et qui lui est attribué par l'article 7 des Lettres patentes, le
« blesse au contraire très formellement, non seulement en ce que
« l'inspection lui appartient privativement sans que le Bureau
« doive ou puisse y prendre part, mais encore en ce que l'ins-
« pection devant être perpétuelle il peut arriver que la pluralité

« des voix la défère à tout autre qu'à un officier du Duché, ce « qui étant ainsi renouvelé à une seconde et à une troisième « nominatian, fera disparaître le droit d'inspection de mondit « Seigneur, ce que ledit Procureur général au domaine doit pré- « venir et empêcher.

« Que l'article 6 du même Edit de 1763 causerait encore à « mondit Seigneur un préjudice notable s'il était exécuté comme « il est conçu, en ce que dans le nombre des huit commissaires « qui doivent former le bureau d'administration, la Ville de « Nevers en a quatre, savoir deux officiers municipaux et deux « notables, tandis que Monseigneur n'en a que deux ce qui ne « peut être que l'effet d'une combinaison inexacte, Que l'établis- « sement même d'un bureau d'administration dans le collége « selon l'article 6 de l'Edit semble ne pas se pouvoir concilier « avec l'intérêt de mondit seigneur si formellement conservé par « les Lettres patentes d'après le titre de fondation de 1578 : « 1° parce que, suivant l'article 16 de l'Edit c'est le Bureau qui « nomme le Principal et les Régents et qui les destitue suivant « l'article 17, tandis que par la fondation dont l'exécution est « expressément ordonnée par les Lettres patentes, c'est le fonda- « teur qui a nommé les Jésuites et qui avait le droit de faire « retirer ceux qui ne lui convenaient pas.

« Or, comme il a été ci-dessus observé, le droit de nomina- « tion aux places, quand il ne dériverait pas du titre particu- « lier, est un des droits généraux et principaux de tout fonda- « teur, et celui d'accorder la jouissance de son bien est un « privilège de propriétaire qui ne souffre point de concours, « Que Monseigneur ne peut, sans offenser la mémoire des fon- « dateurs qu'il représente, et sans renoncer à son propre titre, « abandonner cette prérogative ; 2° parce que différents articles « du même Edit de 1763 attribuant l'administration au Bureau, « dérangent pareillement la fondation de 1578 qui laissait entre « les mains des Jésuites seuls et sans le secours de bureau, l'ad- « ministration, conduite et direction entière du collège et de son « revenu sous l'inspection de mondit Seigneur.

« Tous lesquels griefs étant sensibles et frappant, ainsi que « plusieurs autres qui pourraient encore être déduits, le Procu- « reur général au domaine a lieu d'espérer que Messieurs les « officiers municipaux, avec lesquels il se réserve d'en conférer, « comme les seuls qui puissent avoir intérêt, s'empresseront de « faire rendre à Monseigneur la justice qui lui est due. Mais

« comme ledit Procureur général au domaine a été averti que « mesdits sieurs administrateurs, à la faveur du silence que « Monseigneur a involontairement gardé jusqu'à présent sur ce « qui concerne ledit collège comme n'en aiant point été informé, « se disposaient, dans un bureau extraordinaire convoqué contre « les usages pour ce jourd'huy à y introduire encore quelques « nouveaux maîtres, qu'il y a lieu de craindre par l'exemple du « passé que Monseigneur ne soit point consulté sur le choix des « dits sujets, ce qui tendrait à lui enlever insensiblement son « droit exclusif de nomination, J'ai, huissier susdit et soussigné, « déclaré à mesdits sieurs administrateurs que ledit Procureur « général au domaine s'oppose et empêche formellement pour « mondit Seigneur, qu'il soit nommé, introduit et reçu aucuns « maîtres, professeurs, regents ou autres à aucune des places qui « pourront vaquer à compter de ce jour dans ledit collége, s'ils « ne sont spécialement pourvus de lettres de nomination de « mondit Seigneur, signées de lui et en bonne forme, lesquelles « seront enregistrées au bailliage, à la Ville et en la Chambre « des Comptes, les procureurs de mondit Seigneur ouïs; Décla- « rant qu'au cas qu'il soit passé outre au préjudice des présentes, « Monseigneur se pourvoira pour être autorisé tant à faire « expulser lesdits sujets qu'à retirer les bâtiments, bien fonds et « rentes de la fondation et à en faire tel autre emploi qu'il con- « viendra, et aussi sans préjudice à s'expliquer sur ceux desdits « maîtres qui exercent actuellement audit collége sans son « attache, pour qui tous ses droits demeurent differrer (?). Et ai « à mesdits sieurs administrateurs, au domicile et proclamé « comme dessus à la personne du sieur Boury que j'ai chargé de « la leur remettre, laissé la présente copie dont l'original sera « contrôlé.

« Signé : DECHEVERRY. PARMENTIER,
pr, g[l] au dom[e]
du Nivernois. »

Après le renvoi des Jésuites les officiers du bailliage, je l'ai dit en temps et lieu, présentèrent au Parlement un mémoire dont le but était moins de remplacer les Jésuites que de les conserver. Ils connaissaient donc la situation nouvelle faite au collège et les ordres donnés pour nommer de nouveaux maîtres. Ils connurent la réponse de l'Université que j'ai citée plus haut. Ils surent qu'après cette réponse la ville avait été mise en demeure de prendre une décision pour le choix de nouveaux régents. Ils n'ignorèrent pas la venue à Nevers de M. Vyau de Baudreuille, lieutenant général du bailliage royal et siège présidial de Saint-Pierre-le-Moûtier et l'installation faite par lui des nouveaux maîtres ; ils n'ignorèrent pas davantage les Lettres patentes données en 1763 par le roi et pendant vingt ans ils ne dirent rien et pendant vingt ans ils ne firent pas la moindre observation aux changements qui se firent au collège... Les élèves des Jésuites étaient devenus des hommes et travaillaient dans l'ombre en faveur de leurs anciens maîtres. Quels froissements causèrent-ils pour mettre Parmentier en mouvement? Il est probable qu'on ne le saura jamais. Ce qui est certain c'est que Parmentier ne parle pas de cet événement dans ses Archives de Nevers (1) probablement parce qu'il n'arriva, en somme, à rien changer au cours des choses.

Le 4 juillet 1782, le Bureau nomma M. Antoine Bruandet, comme professeur de rhétorique. Je n'ai pu me procurer toutes les pièces concernant cette affaire, mais les suivantes qui font partie des Archives nationales (M^s Joly de Fleury) suffiront, je n'en doute pas, pour éclairer suffisamment la situation.

4 juillet 1782
Délibération du
Collège de Nevers

EXTRAIT DU REGISTRE DES DÉLIBÉRAT NS
du Bureau du collége de la Ville de Nevers

Aujourd'hui quatre juillet mil sept cent quatrevingt deux, le Bureau du collége assemblé à la manière accoutumée, où présidait Monseigneur l'évêque (2) et où étaient M. le Procureur général du bailliage (3), M. le Maire, M. Marandat, premier échevin, M. du Bois, notable, et M. le Principal, Monseigneur a dit que le procureur général au domaine du Nivernais (4) ayant fait faire une signification à sa Requête au Bureau du collége par exploit De Cheverry du onze avril dernier, contenant une opposition par Monseigneur le Duc de Nivernois à ce qu'il fust procédé par le Bureau à la nomination d'aucuns professeurs ; après avoir pris lecture de ladite signification et avoir murement réflechy sur les fins d'ycelle, a arrêté et délibéré que, malgré tout le respect et les égards qu'il doit à Monseigneur le Duc de Nivernois, il ne peut defferer à laditte signification sans

(1) Tome Ier, p. 318.
(2) Jean-Antoine Tinseau.
(3) Louis-François Chaillot de la Chasseigne.
(4) Antoine-Charles Parmentier.

s'écarter des Règles qui luy sont prescrites et sans manquer aux fonctions qui luy sont attribuées par l'édit de février 1763, les Lettres patentes du onze aout et vingt et un novembre de la même année et par l'arrest de Reiglement du Parlement du vingt neuf janvier 1765 envoyé noménent au collége de Nevers, et qu'en conséquence il ne peut se dispenser de continuer comme par le passé la régie et administration du collége jusqu'à ce qu'il en soit autrement ordonné.

Et à l'instant Mgr l'Evêque ayant dit que le Bureau avait été convoqué le onze avril dernier pour nommer un professeur de rhétorique à la place du sieur Jean-Baptiste-François Giroux qui a fait sa démission le sept mars précédent, et laditte nomination n'ayant pas été faite jusqu'à présent, il est instant d'y procéder attendu la proximité des vacances. Sur quoy, la matière mise en délibération, le Bureau a nommé M. Antoine Bruandet pour professeur de rhétorique, et MM. le Maire et Marandat se sont retiré n'ayant voulu donner leurs voix. Ainsi signé : † J.-A. Evêque de Nevers, Chaillot de la Chasseigne, du Bois, Miné, Boury, secrétaire.

Le Bureau du collège tout entier, à l'exception du Maire et du premier échevin, prenait donc résolument la défense des droits du collège.

Le 6 juillet le Duc faisait opposition à la nomination du professeur de rhétorique et le 12 l'Evêque, prenant complètement parti contre les prétentions du Duc, écrivait la lettre suivante dont le commencement reste obscur pour moi :

« Monsieur

« Agreez, je vous supplie, mes très humbles et très sincères « (remerciments) de l'arrest que votre religion a bien voulu nous « procurer pour réprimer les entreprises de quelques de nos « officiers municipaux au préjudice de l'édification et des bonnes « mœurs. Je n'ai garde de les imputer au corps de ville de qui j'ai « éprouvé, jusqu'à ces derniers jours, en toute occasion la cor-« respondance la plus sincère et la plus désirable. La fantaisie « de quelques particuliers a causé ce changement. J'ai lieu « d'espérer que votre autorité contiendra ceux qui pourraient « être tentés à la suite de se livrer aux mêmes idées.

« Un nouvel objet aussi épineux qu'intéressant pour l'ordre « public m'oblige aujourd'hui, Monsieur, de recourir de nouveau « pour la discussion embarrassante où se rencontre le bureau de « nostre collége.

« Le mémoire que je prends la liberté de joindre ici la mettra « sous (vos yeux) autant qu'il m'est possible de le faire sans

« entrer dans des détails que vos lumières suppléeront aisément. « Le bureau m'a engagé à vous le présenter, mon intérêt person- « nel ne s'i trouvant point compromis.

« Nostre bureau a exercé depuis vingt ans sans opposition « comme sans plaintes toutes les fonctions qui lui ont été « confiées par l'édit et les règlements de la Cour. Après vingt ans « de silence M. le Duc de Nivernois a jugé à propos de les reven- « diquer par des réquisitoires et des protestations adressées au « bureau même qui est très embarrassé du parti qu'il doit pren- « dre. Il ne se connait aucune qualité pour contester ni pour « accorder les demandes de M. le Duc. Tous les membres qui le « composent, Monsieur, sont sans intérests, comme simples « exécuteurs des ordres du roy qui leur ont été adressés par la « Cour.

« Nous avons pensé d'abord de renvoyer ces prétentions à « demesler avec le Corps de Ville et nous l'avions ainsi délibéré. « Aujourd'hui Monseigneur, cette ressource nous est retranchée. « Le Corps de Ville qui avait jusqu'à présent concouru avec le « bureau dans un concert parfait, a pris le parti que vous verrez « exposé dans le Mémoire. L'existence du bureau est évidem- « ment incompatible avec les prétentions de M. le Duc que la « Ville parait aujourd'hui vouloir partager. J'aurais pris la « liberté de vous mettre sous les ieux le réquisitoire et la pro- « testation qui nous ont été signifiées; je le ferai incessamment « si vous m'en accordez la permission.

« J'aurai l'honneur de vous observer, Monsieur, qu'il n'est « pas question des droits honorifiques. Le bureau n'a jamais « rien refusé en ce genre à M. le Duc. Il en a joui paisiblement « comme il en jouissait du temps des Jésuites et comme il parait « qu'ils lui ont été assurés par un arrest de la Cour. Il s'en est « expliqué lui-même avec le bureau lors de son établissement et « dans quelques autres occasions, on a paru toujours satisfait « de sa respectueuse déférence.

« Je n'entrerai pas, Monsieur, dans les causes de ce change- « ment subit. Je crois à la vérité les connaître, mais je crains « (d'abuser) de vos moments pretieux et de votre patience, dis- « posé néantmoins à vous exposer ce que je crois avoir à donné « lieu si vous l'ordonnés. Vos bontés me rassureront, je les « demande avec confiance pour notre bureau qui en a grand « besoin. Cessera il ses fonctions en déférant aux réquisitions « et protestations qui lui ont été signifiées, il le ferait sans doute

« si les membres ne consultaient que leur interest personnel. « Mais cette cessation ne serait elle pas autrement préjudiciable « à l'ordre et à l'interest public en ce moment même il doit être « question de remplacer trois régents qui ont annoncé leur « retraite. Faudra il plaider. Le Bureau ne se croit point qualifié « pour cette partie. D'ailleurs il est composé pour la plus grande « partie d'officiers du duché qui ne pourraient se résoudre à « paroistre en justice contre un seigneur de qui ils ont interest à « ménager les bonnes grâces, et renonceraient plutot à une place « qu'ils n'occupent que précairement. C'est le même motif qui a « déjà opéré la variation bizarre et imprévue de l'Hôtel de Ville. « Vostre autorité, Monsieur, et celle de la Cour pourront seuls « les tirer d'une incertitude aussi facheuse.

« Le bureau a fait par prévention une réponse détaillée au « réquisitoire du Procureur au domaine qui n'a point été com- « muniquée. Toute imparfaite qu'elle est, elle peut donner une « idée suffisante de la question qui ne paroist difficile que par « les circonstances. Si vous le permettés j'aurrai l'honneur de la « soumettre à vos lumières.

« Je suis avec un respect et un dévouement inviolable, Mon- « sieur, votre très humble et très obéissant serviteur.

† J. A. évêque de Nevers.

Le 17 juillet, le duc de Nivernais obtenait de la Cour un arrêt qui *intimait* le Bureau à la Grand'Chambre, et le faisait signifier le 20.

Aussitôt l'évêque de Nevers écrivit à M. Lombard, procureur à Paris, qui lui répondit le 8 août :

« Monseigneur

« Vous me demandé si j'ai connaissance qu'il ait été interjetté « apel d'une délibération du Bureau du collége de Nevers « concernant la nomination d'un professeur de ce collége. Oui, « Monseigneur, il y a un apel par moi interjetté au nom de M. le « Duc de Nivernois d'une délibération du bureau du collége; « lorsque cette affaire a été agitée au dernier conseil de M. le Duc « de Nivernois, j'ay dis qu'elle etoit urgente, attendu que le col- « lége ne pouvoit rester sans professeur, en conséquence il a été « convenu avec M. le Président Rolland chez M. le Duc de Niver- « nois, qu'il feroit incessament passer un arret provisoire qui, « sans préjudice du droit des parties au principal, autoriseroit

« le collége à nommer par provision les Professeurs pour le « collége; cela sera sûrement terminé dans la semaine prochaine.

« Je suis avec un profond respect,

Monseigneur
Votre très humble et très
obéissant serviteur.
LOMBARD.

Après avoir pris connaissance de cette lettre le Bureau du collége s'empressa d'adresser, le 9 août, au Procureur général, une requête ainsi conçue :

« A Monseigneur
« Monseigneur le Procureur général,

« Supplient et vous représentent humblement les Adminis- « trateurs du collége de Nevers que le Bureau établi par l'autorité « du Roy dans le collége de Nevers a rempli ses fonctions confor- « mément aux édits du Roy et aux arrests de la Cour, sans « contradiction ni empêchement, sous l'inspection du Commis- « saire député par la Cour jusqu'au 11 avril de la présente année, « que s'agissant alors de nommer un professeur de rhétorique « pour remplacer le professeur actuel qui avait donné sa démis- « sion, il lui a été signifié au nom de M. le duc de Nivernois un « acte portant deffense de procéder audit choix; protestation et « prétention qui anéantissoient entièrement les devoirs et les « fonctions du Bureau, si elles avaient lieu.

« Le Bureau surpris d'une attaque à laquelle il n'avoit pas « lieu de s'attendre après un exercice journalier et paisible de « dix-neuf ans sous les yeux de M. le Duc de Nivernois et de ses « officiers qui n'avoient jamais témoigné le vouloir troubler, n'a « pas cru devoir déférer à un acte particulier au préjudice des « obligations que lui imposent les ordres du Roy et de la Cour, « il a continué ses fonctions accoutumées et nommé un sujet « pour remplacer le professeur de rhétorique, les officiers de « M. le Duc lui ont signifié un appel de cette nomination par « laquelle ils renouvellent les protestations et défenses portées « dans le premier acte.

« C'est dans ces circonstances, Monseigneur, qu'il se voit « obligé de recourrir à votre autorité. Ses pouvoirs comme ses « fonctions sont fixés clairement par les Edits et il ne pourroit « sans témérité chercher à les étendre, il lui est interdit de pro-

« céder en qualité de corps et de compagnie, sauf dans les ma-
« tières exprimées dans le Règlement, et de pure administration.
« La contestation que lui suscitent aujourd'hui les officiers du
« duché est d'une nature entièrement différente, le Bureau ne
« pourroit y répondre ni se porter pour partie sans excéder les
« pouvoirs qui lui sont attribués par la loy même à qui il doit
« son existence.

« Il a cherché, mais en vain, à procurer une défense légale
« aux intérêts publics par le corps municipal à qui il a commu-
« niqué les actes qui lui ont été signifiés, dès l'ouverture de la
« contestation.

« La réponse du Conseil de Ville ne lui laisse aucune espé-
« rance de trouver du secours dans ce Corps : elle lui a été portée
« par les deux députés de ce Corps au bureau de Collége, et con-
« siste à dire qu'il n'entendoit point contester les droits et pré-
« tentions de M. le Duc, mais les partager avec lui comme bien-
« faiteurs principaux du collège. On ne fera point de réflexion
« sur cette réponse quelque extraordinaire qu'elle doive paraître.
« On en conclura seulement que les intérêts publics et l'exécu-
« tion de la loy qui a établi les bureaux n'a plus de défenseurs
« qualifiés dans le lieu. Le bureau ne peut procéder comme
« Corps et Compagnie. Les membres qui le composent n'ont
« aucun intérêt personnel à la contestation. Ils ont obéi jusqu'à
« présent aux ordres de la Cour et ils osent se flatter de les avoir
« exécuté d'une manière irréprochable et avantageuse au public,
« offrant de rendre le compte le plus sévère de leur administra-
« tion.

« C'est dans ses sentiments, Monseigneur, qu'ils prennent la
« liberté d'implorer votre ministère et votre religion pour la def-
« fense de l'intérêt public qui lui est confié, toujours prêts à
« obéir aux ordres de la Cour soit pour la continuation ou la
« cessation des fonctions qu'elle leur a attribué ; et ils vous
« supplient de leur faire passer vos ordres, ils ne suivront
« d'autre route que celle que vous voudrez bien leur prescrire.

« Arrêté au bureau du collège convoqué extraordinairement
« par billets de Monseigneur l'Evêque, président, pour aujour-
« d'hui neuf août mil sept cent quatrevingt deux.

† J.-M. Evêque de Nevers, Guiller de Mont,
Chaillot de la Chassagne,
Dubois, Miné, Boury.

Ainsi le collège, dirigé cependant par des ecclésiastiques n'était pas soutenu par la municipalité. Le bureau, présidé cependant par l'évêque, ne pouvait compter sur la municipalité. Qu'y avait-il donc en dessous? L'évêque le savait et ne voulait pas le dire dans ses lettres. La municipalité, soignée, chauffée par les habitants influents de Nevers, essayait de préparer le retour des Jésuites en opposant l'inertie la plus complète aux demandes du bureau. Elle ne réussira pas.

Aussitôt après la réception de la lettre des membres du Bureau le Procureur général adressa le réquisitoire suivant « à Messieurs du Parlement » :

« Suplie le Procureur Général du Roy, Disant qu'il est instruit « qu'il s'est élevé une contestation relativement au collége de « Nevers, M. le Duc de Nevers déclaré Fondateur par les Lettres « Patentes du onze aout mil sept soixante trois réclamant diffé- « rents droits et notamment la nomination du Principal, celle « aussi des Professeurs, ou du moins le droit de leur donner des « provisions ou lettres d'attache, le Bureau se trouve embarrassé « sur la nomination des places de Professeurs actuellement « vacantes singulièrement par une opposition formée à la Re- « quête de M. le Duc de Nevers le six juillet dernier et comme en « attendant que la Cour ait prononcé sur ces difficultés ou que « le Roi ait fait connaître ses volontés, au préalable nécessaire « est qu'il soit pourvu de maîtres dans ledit collège, A ces causes « Requiert le Procureur Général du Roy qu'il plaise à la Cour « ordonner que, sans préjudice des droits des parties et notam- « ment de ceux de M. le Duc de Nevers en sa ditte qualité de « Fondateur, l'Edit de février mil sept cent soixante trois sera « exécuté selon sa forme et teneur ainsy que les Lettres Patentes « du onze aout suivant, et qu'en conséquence il sera par le Bu- « reau d'administration nommé dans la forme prescrite par les « dittes lois et par celles intervenues dans cette matière, à la « nomination des Places des Professeurs vaquantes, ordonne que « le Professeur de Rhétorique nommé le quatre juin mil sept « cent quatrevint deux (1) remplira les fonctions à la rentrée des « classes prochaines, et ordonne que dans trois mois M. le Duc « de Nevers, ensemble le Bureau d'administration du College et

(1) C'est le 4 juillet.

« les officiers municipaux de la Ville seront tenus de remettre au « Procureur Général du Roy des Mémoires contenant leurs pré- « tentions, les moyens, les titres et piéces venant à l'appuy pour, « sur les dittes piéces, être par le Procureur Général du Roy « requis et par la Cour ordonné ce qu'il appartiendra, ordonne « que l'arrest à intervenir sur la présente requête sera, à la Re- « quête du Procureur Général du Roy poursuite et diligence de « son substitut à Moulins, aux officiers municipaux de Nevers et « notifié au Bureau de l'administration dudit Collége pour qu'ils « aient à si conformer chacun en droit soy ».

Peu après avoir eu connaissance des ordres du Procureur Général, le Bureau du collège lui adressa le « Mémoire sur le collège de Nevers » dont la teneur suit :

« Le Bureau d'administration du Collége de Nevers depui « son établissement s'est attaché à remplir toutes les fonction « dont il est chargé par les Edits du prince et les reglements qu « vous avez proposé à la Cour et qu'elle a homologué. Il a ap « porté le plus grand soin dans le choix des maîtres et il a l « satisfaction de voir que tous ceux qu'il a nommés entrent pa « faitement dans ses vues ; il a régné constamment parmi eux l « plus grande union et ils ne se sont jamais écarté des règles n « la décence essentielle ou bon exemple qu'ils doivent donner « leurs élèves. Ils en ont formé quelques-uns qui à Paris or « concouru avec avantage avec des écoliers qui s'étaient distir « gués dans l'Université. Depuis 1763 jamais le Bureau ne s'e « vu dans le cas de citer aucuns professeurs ou régens pour leu « faire des reproches.

« Au commencement de son administration le bureau « trouvé les biens dans le plus mauvais état possible. Il fit vo « par les états de recettes et de dépenses qu'il vous envoya Mo « seigneur et à MM. les Commissaires que les charges exc « daient considérablement les revenus : pour suppléer à ceux- « S. M. Louis XV accorda en 1768 à notre college une pensio « de trois mille livres sur celui d'Amiens. Cependant, malgré l « modicité des revenus, non seulement tous les biens sont e « bon état, mais le bureau, outre la hausse du peu de fonds qu « le collége possède, a trouvé le moyen par des améliorations « des réparations d'augmenter la recette du college au moins c « six cents livres et sans avoir contracté de dettes. Il n'a poi « sollicité la coupe d'un quart de réserve dont il a pu se pass

« jusqu'ici et qui lui fourniroit des recettes en cas d'accident. La « recette est faite par le Principal, ce qui épargne les frais qu'en-« traîneroit un receveur gagé.

« Ce qui a sans doute contribué au bon état de notre collége « c'est la parfaite harmonie qui s'est entretenue dans le bureau « jusqu'en 1780. Ce n'est qu'à cette époque qu'elle a commencé à « essuyer des altérations. Dans cette année les officiers munici-« paux envoyèrent un de leurs membres au Principal pour lui « proposer au nom de la Ville de changer pour la composition « des prix et l'examen des devoirs l'ordre que vous avez prescrit « dans votre réglement. Le même député demandait que ce fut « la Ville et non le Principal qui fit le choix des livres pour les « prix. Comme ces deux demandes étaient contraires aux articles « 57 et 58 de votre réglement, le Principal refusa de s'y prêter.

« Quelque temps auparavant le sieur Parmentier, procureur « général au domaine du Nivernois, vint au bureau avec une « lettre de M. le Duc qui se plaignoit de ce qu'on ne lui déféroit « point tous les droits qui paroissoient attachés à la qualité qu'il « prenoit de fondateur. Il ne pensoit point avoir alors exclusive-« ment l'autorité la plus entière et la plus universelle sur le col-« lège. On fit voir à cet officier qu'aux termes des lettres patentes « du 11 août 1763 on rendoit à M. le Duc tout ce qui lui étoit dû « suivant l'acte de fondation. Il a paru se contenter de ce qu'on « lui représenta; mais en 1780 M. le Duc toujours s'appuyant « sur la qualité de fondateur forma le projet de remettre le col-« lége entre les mains d'une communauté régulière. Ce seigneur « s'adressa d'abord aux doctrinaires : au mois de juin 1781 un « des membres de cette congrégation vint visiter très en détail « le collége dont M. le Duc avait fait lever le plan par son archi-« tecte; il était conduit par deux personnes de confiance de « M. le Duc, et par les Maire et Procureur du roy de la Ville, ce « qui fait présumer que les officiers municipaux étoient d'intel-« ligence avec M. le Duc pour changer le régime du collége.

« Le traité projetté avec les Doctrinaires ayant été rompu, « M. le Duc s'adressa aux Bénédictins de Saint-Maur. Il fut remis « à un religieux de cette congrégation la plan de la maison et « l'état des ressources; deux autres religieux vinrent en septem-« bre pour le même objet. Malgré toutes ces démarches, tout est « resté dans le même état.

« Au mois de mars 1782 le professeur de rhétorique déclara « au bureau qu'il ne recommenceroit pas ses fonctions l'année

« prochaine. En conséquence de sa démission le bureau avoit « annoncé qu'il procéderait à la nomination de son successeur « le 11 avril. Ce jour le secrétaire du bureau apporta une signi- « fication qui lui avait été faite le matin par un huissier, par « laquelle le Procureur général au domaine du Nivernois faisoit « défense au bureau de procéder à la nomination d'aucun maître, « prétendant que le droit de nommer les maîtres, de veiller à la « police intérieure et à la manutention des biens appartenait à « M. le Duc uniquement et exclusivement à tout autre. Après la « lecture de cette pièce, Mgr l'Evêque, président, déclara qu'il « ne mettroit pas ce jour là la nomination en délibération.

« Au mois de juin suivant le sieur Doloré, Inspecteur Géné- « ral du duché, vint au bureau pour savoir quelle réponse il fai- « soit aux demandes de M. le Duc. Il déclara qu'à la vérité ce « Seigneur avoit approuvé tacitement tout ce s'étoit fait jus- « qu'alors, mais qu'il vouloit rentrer dans tous les droits dont il « n'avoit pas joui jusqu'icy. Le bureau s'ajourna à huitaine pour « faire sa réponse.

« Au jour indiqué six administrateurs se trouvèrent au « bureau, Mgr l'Evêque qui le présidait commença par exposer « que les Bureaux ne devant pas faire corps et compagnie sur « aucun cas et ne devant s'assembler que pour remplir les fonc- « tions qui leur sont prescrites par l'Edit de 1763, que le bureau « ne pourroit sans se compromettre s'ingérer dans la discussion « des droits de M. le Duc, qu'il ne pouvoit lui rien accorder ni « lui rien refuser, qu'il devoit remplir les fonctions dont il étoit « chargé jusqu'à ce que l'autorité qui l'avoit établi lui deffendit « de les continuer et en conséquence qu'il falloit procéder à la « nomination du professeur de rhétorique. Trois administrateurs « furent du même avis que Mgr l'Evêque.

« Quand les officiers municipaux opinèrent, ils déclarèrent « qu'il falloit les regarder sous deux points de vue, comme admi- « nistrateurs du collége et comme représentant la municipalité. « Comme administrateurs ils déclarèrent être du même avis que « Mgr l'Evêque, mais comme représentant la Ville ils décla- « rèrent qu'ils étaient chargés de faire connaître au bureau que « la Ville n'était point du tout dans l'intention de contester à « M. le Duc les droits qu'il revendiquait sur le collége, mais « qu'elle prétendoit les partager avec lui : qu'à la vérité elle ne « lui en disputoit pas la qualité de fondateur, et qu'à ce titre elle « tui cédait tous les droits honorifiques, mais qu'étant bienfai-

« trice du collége elle prétendoit partager avec M. le Duc la « nomination des maîtres, faire conjointement avec lui la police « intérieure et veiller à la manutention des biens.

« Après les discussions qu'entraînèrent les prétentions aux-« quelles les autres membres du bureau n'avaient garde de s'at-« tendre, Mgr l'Evêque mit en délibération la nomination du « professeur de rhétorique. Trois administrateurs nommèrent à « sa place le professeur de seconde. Les officiers municipaux « déclarèrent qu'ils ne vouloient pas donner leur avis sur la « nomination. Mgr l'Evêque après avoir recueilli les suffrages « donna sa voix au même professeur de seconde. Dans ce « moment les officiers municipaux dirent qu'ils n'avoient plus « rien à faire au Bureau et ils se retirèrent avant la rédaction et « la signature de la délibération.

« Le lendemain le secrétaire du bureau remit à l'Inspecteur « Général du duché une expédition de la délibération qui fut « prise le 4 juillet. Le 6 suivant, le procureur général au domaine « fit assigner le Bureau dans la personne du secrétaire pour lui « déclarer qu'il étoit appelant de la nomination faite d'un pro-« fesseur de rhétorique. Le même jour il fit faire deffense au « professeur de seconde de s'immiscer dans les fonctions de la « chaire de rhétorique à peine d'être privé de ses appointements. « Enfin le 20 du même mois, M. le duc de Nivernois a fait signi-« fier un arrêt de la Cour rendu le 17 qui intime le bureau à la « Grand'Chambre.

« Comme l'arrêt ne deffend point au Bureau de continuer « ses fonctions, il croirait manquer à une des plus essentielles « s'il ne pourvoyoit aux places vacantes. Les prétentions de « M. le duc et des officiers municipaux paroissent au bureau « d'autant plus extraordinaires que les titres sur lesquels ils les « établissent ont été mis d'abord sous les yeux de la Cour et « ensuite sous ceux du roy. Ce n'est que sur la vue de ces titres « qu'ont été expédiées les lettres patentes en faveur du collége « de Nevers le 11 août 1763 et que la Cour a enregistrées le 23 du « même mois qui assujétissent en tout le collége de Nevers à la « forme d'Administration prescrite par l'Edit de 1763.

« Lors de la dissolution des Jésuites, la Cour ordonna à tous « les colléges de son ressort d'envoier à MM. les Commissaires « tous les titres qui les concernoient. Le 15 mars 1763 « M. De l'Averdy rendit compte aux Chambres assemblées de « l'état du collége de Nevers. Après avoir fait voir qu'il existait

« avant que Ludovic de Gonzague pensât à le tirer des mains de « ceux qui l'occupoient pour le mettre en celles des Jésuites, il « rapporta l'acte de leur fondation par ce prince en 1578 et celui « de leur rétablissement par Charles, son fils, en 1607. Ce sont les « seuls titres que M. le duc de Nivernois puisse alléguer en sa « faveur, attendu que la maison de Mazarin n'a jamais rien fait « pour le collége. Ce n'est même que sur l'acte de 1578 que s'ap- « puyoit feu M. le duc de Nevers dans la requête présentée à la « Cour et rapportée par M. de l'Averdy, page 191 de son Compte « Rendu, par laquelle il se plaignoit de ce que le collége avoit « établi à son insu et sans sa participation, déclarant cependant « qu'il s'en rapportoit à la prudence de la Cour sur l'introduc- « tion de nouveaux sujets dans le collége de Nevers pour desser- « vir ledit collége.

« Après avoir exposé les donations faites par les seigneurs de « Gonzague, M. le Commissaire rapporte celles de la Ville et de « plusieurs particuliers.

« C'est d'après le rapport de ces donations faites par les ducs « de Nevers et la Ville que Sa Majesté Louis XV, dans le préam- « bule des Lettres patentes, déclare que le *collége de Nevers doit « sa première existence aux bienfaits des auteurs de notre bien « cher et bien dévoué cousin le duc de Nevers et aux libéralités de « la Ville.*

« Il prescrit par l'article 5 que *les biens et revenus dudit collége « seront régis par le bureau d'administration en la forme prescrite « par notre édit.*

« Et les officiers de M. le Duc osent avancer contre la dispo- « sition formelle de cet article que M. le Duc a seul le droit de « veiller sur l'administration des biens du college comme étant, « disent-ils, sa chose propre.

« Sa Majesté déclare, article 7, que l'acte de fondation de 1578 « sera exécuté, il y rappelle tous les droits dont doit jouir M. le « Duc et qui sont rapportés dans ledit acte. Or dans cet acte il « n'est et ne peut y être question de la nomination des maîtres et « de la manutention de la discipline intérieure, Ludovic de Gon- « zague ne pouvoit se reserver ces droits. Les Jésuites nommoient « seuls aux places de leurs colléges et s'attribuoient à eux seuls « la discipline intérieure.

« Les officiers de M. le Duc insistent beaucoup sur l'inspec- « tion qui est conservée à M. le Duc sur le collége. Cette inspec- « tion paroit clairement déterminée par le même article : *Voulons*

« *même que tous droits d'inspection qui pourraient lui appartenir*
« *dans ledit college lui soient entièrement conservés et que les deux*
« *officiers de son bailliage ducal qui assisteront audit bureau con-*
« *formément à l'article 6 de notre édit, soient tenus de l'informer*
« *de tout ce qui concerne ladite administration.*

« Au reste quelques soient les droits que donne à M. le duc « sur le collége l'inspection qui lui est conservée, il est évident « qu'ils ne peuvent être contraires à aucune des dispositions de « l'édit, puisque Sa Majesté termine ses Lettres Patentes par ces « expressions : *Voulons au surplus que ledit Collège soit en tout* « *régi, gouverné et administré en la forme et suivant les régles pres-* « *crites par notre Edit du mois de février dernier qui y sera exécuté* « *selon sa forme et teneur.*

« La Cour a enregistré ces lettres patentes, depuis elle a fait « passer ses ordres au Bureau d'administration, elle lui a adressé « son arrêt de reglement de janvier 1765. Il s'est attaché à l'exécu- « ter scrupuleusement, et il ne croit devoir suspendre les fonc- « tions dont il est chargé que lorsque la même autorité qui les « lui a imposées lui fera connaître qu'elle ne veut plus qu'il con- « tinue de les remplir.

Le 24 août 1782 l'Evêque de Nevers, président du Bureau, apostilla ainsi le Mémoire adressé au Procureur général du roi :

« Monsieur,

« Le bureau du collége de Nevers prend la liberté de recourir « à vos lumières et à votre autorité pour régler sa conduite dans « une circonstance aussi imprévue qu'épineuse. Il remplit de- « puis 19 ans les devoirs qui lui ont été imposés par les édicts et « les reglements de la Cour. M. le duc de Nivernois a été instruit « de la formation du bureau. Il a requis par écrit la jouissance « de droits honorifiques dont il avait joui durant l'exercice des « Jésuites. Le bureau ne les a jamais contesté. Il paraît même « qu'ils lui ont été assurés par un arrêt de la Cour qu'il a com- « muniqué amicalement au bureau. Il n'a pas fait éclore d'au- « tres prétentions jusqu'au mois d'avril dernier. Il a vu les nou- « veaux professeurs nommés par le bureau, les membres qui le « composent changer, soit par la mort soit autrement, toutes les « affaires concernant la discipline ou l'intérest du college reglées « par le bureau seul, toutes les fonctions publiques interes- « santes (?) et presque journalières sans témoigner en quelque

« façon que ce soit qu'il i pris part, quoi qu'il ne put les ignorer. « Quelle fust notre surprise quand en ce même mois le procu- « reur au domaine ducal fit signifier au bureau un acte que je « ne puis bien qualifier, par lequel exposait des prétentions dont « nous n'avions jamais ouï parler, que nous ne soupçonnions « pas même. Il est joint au mémoire ainsi que tous ceux qu'il a « faict signifier à la suite. J'avoue, Monsieur, à ma honte sans « doute, que je ne crus pas l'attaque sérieuse, que je la regardai « comme un épouvantail qui n'aurait pas de suite. J'étais dans « l'erreur comme il n'a que trop paru par la suite ; nous ne ré- « pondimes rien cependant et le bureau se contenta de commu- « niquer l'acte aux officiers municipaux que nous jugeames être « les seules parties intéressées et qualifiées pour ester en justice. « Le mémoire vous exposera, Monsieur, leur réponse qui nous « surprit autant que le réquisitoire et me tire moi-même d'er- « reur. L'appel de la nomination du régent de rhétorique et l'as- « signation à comparaistre à la Grand'Chambre pour contester « sur les droits prétendus par M. le Duc nous jette dans un em- « barras dont nous ne pouvons sortir que par l'autorité de la « Cour. Le bureau exerce les fonctions dont elle l'a chargé. Elles « sont spécifiées et bornées très clairement. Il n'est point auto- « risé à interpréter les edicts ni les arrèts, ni à deffendre M. le « Duc des pouvoirs qu'il ne tient que précairement, quand il « oserait se croire partie capable ce qu'il est bien éloigné de pré- « tendre. Les membres qui ne forment ni corps ni compagnie « sans aucun interest aux droits qu'on leur dispute ne se déter- « mineront jamais à paraître comme partie dans une cause qui, « toute évidente qu'elle est, n'est pas la leur. Cependant les pré- « tentions de M. le Duc anéantissent sans réserve toutes les fonc- « tions attribuées au bureau par les édicts et les arrests. Cessera « il de les remplir, et s'il doit les continuer comme il semble i « être obligé pour obéir à l'autorité légitime où trouvera il pro- « tections, où doit-il la chercher si ce n'est dans la Cour. Elle « avait eu la bonté de lui nommer un commissaire à qui il devoit « rendre compte des affaires les plus importantes. Nous en avons « eu trois envers lesquels nous avons rempli ce devoir. Depuis « la mort ou la retraite de M. Talon nous n'avons pu apprendre « à qui la Cour avoit destiné cet emploi.

« Je sens, Monsieur, que j'abuse de votre indulgence et je « n'ose vous fatiguer davantage par le détail des causes qui ont « donné lieu cet événement si inespéré. M. le Duc a quatre

« commissaires absolument dans sa dépendance sur les huit qui « composent le bureau. Nous en avons élu un cinquième qui est « dans le même cas. J'ai peine à voir ce qu'il peut désirer de « plus hors un despotisme illimité.

« Le vœu du bureau seroit d'être appelé à rendre ses comptes « sous les yeux de la Cour. Il n'est nullement intéressé à conti- « nuer des fonctions (un blanc).

« Il a cru cependant devoir joindre à sa requeste un mémoire « expositif des faits et tous les actes qui lui ont été signifiés.

« Je suis avec un respect inviolable, Monsieur, votre très « humble et très obéissant serviteur.

† J. A. évêque de Nevers (1).

Il m'a été impossible de me procurer l'arrêt de la Grand'-Chambre, mais il paraît certain que cet arrêt fut favorable au Bureau. Parmentier écrit en effet, dans ses Archives de Nevers, t. I, p. 319 : « Les biens du collége sont administrés, conformé- « ment à l'article 6 de l'édit de 1763, par un bureau composé de « Monseigneur l'Evêque, président, de MM. les lieutenant et « Procureur généraux, de deux officiers municipaux, de deux « notables et du Principal... *Le principal et les régents doivent* « *être choisis par le bureau;* le sous-principal, maîtres, sous- « maîtres, précepteurs et domestiques, par le principal. La disci- « pline extérieure doit appartenir au bureau ; la police intérieure « au principal. Il y est en outre veillé par un administrateur « commis par le bureau. Le bureau connaît des difficultés entre « le principal et les régents. Les revenus du collége sont touchés « par le principal... Monseigneur le duc de Nivernois est « conservé dans ses droits de fondateur. Les oraisons, la messe « solennelle et la présentation du cierge, le jour de saint Louis « (patron de Louis de Gonzague, fondateur) continuent d'avoir « lieu comme par le passé ».

Mais, en dehors de ses droits honorifiques qui lui sont reconnus une fois de plus, le duc de Nivernais, comme compensation au sujet de ses revendications, dut obtenir d'être avisé des délibérations prises par le bureau. C'est du moins ce qui me semble ressortir de la lettre que lui adressa M. Chaillot de la Chasseigne, un des administrateurs du collège, le 30 mars 1783 :

(1) Jean-Antoine Tinseau mourait peu après le 24 septembre 1782.

« Monseigneur

« J'ai reçu le 29 de ce mois la lettre que vous m'avez fait « l'honneur de m'écrire et la copie y jointe d'un arrêt du Parle- « ment du 14 du même mois, concernant l'envoy que les secré- « taires des Bureaux d'Administration des colléges doivent vous « faire, en exécution dudit arrêt, de toutes les délibérations « prises par les dits bureaux.

« Je ne manquerai pas, Monseigneur, de faire notifier cet « arrêt au Bureau d'Administration du collége de cette ville et « de le faire insérer sur les registres dudit bureau, comme aussi « de veiller à son exécution.

Je suis avec un profond respect,
Monseigneur,
votre très humble et très obéissant serviteur.

CHAILLOT DE LA CHASSEIGNE.

CHAPITRE XXI

Propositions du Bureau, 21 août 1783, pour les traitements des régents et leurs retraites ; pour l'augmentation, par le Chapitre, de la prébende préceptoriale. — Démêlés avec le Chapitre. — Transaction. — Chacun des 3 écus d'or dûs à chaque mutation d'évêque sera payé 12 livres au Chapitre qui, de son côté, payera 600 livres au lieu de 120 pour la prébende. — Demande pour couper le quart de réserve, afin d'employer le produit en rentes pour pourvoir aux pensions des professeurs. — Détail des bois ; Adjudication.

Il est possible que la Cour de Parlement de Paris, à la suite des disputes dont je viens de parler, se soit intéressée à la vie du Collège de Nevers. Peut-être s'intéressa-t-elle à tous les collèges en même temps. Le certain est que le Procureur général écrivit le 17 avril 1783 au Bureau d'administration pour l'engager à proposer à la Cour ce qui lui paraîtrait pouvoir contribuer à l'avantage du collège. Le Bureau délibéra et proposa :

1° Pour entrer dans les vues du Procureur général, les Administrateurs du Collège de Nevers, assemblés en la manière ordinaire sous la présidence de Mgr l'Evêque, le 21 août 1783, ont reconnu que les appointements des régents de 2e, 3e, 4e et 5e fixés, d'abord par le concordat des officiers municipaux du 26 octobre

1762 et ensuite par l'article 2 des Lettres patentes du 11 août 1763, à la somme de 900 livres, alors suffisante pour leur procurer une honnête existence, n'est pas suffisante actuellement à raison de l'augmentation survenue à toutes les choses nécessaires à la vie, c'est ce qui a déterminé le Bureau, dans son assemblée du 7 août 1783, sous le bon plaisir de la Cour, à porter à 1.000 livres ces appointements à partir de la prochaine rentrée des classes.

Le Bureau aurait voulu augmenter aussi les appointements des Principal, professeurs de philosophie et de rhétorique, mais il lui a semblé que la somme de 1.200 livres à eux donnée était encore honnête et suffisante.

2° Désirant perfectionner l'éducation de la jeunesse, le Bureau a senti qu'il serait intéressant de s'attacher, même après vingt ans d'exercice, des maîtres qui, conservant toute la force nécessaire pour enseigner, profiteraient de l'expérience qu'ils auraient acquise pour rendre leurs leçons plus utiles; mais en même temps il reconnaît qu'une pension d'émérite (1) de 400 livres était trop modique pour fournir une retraite à une personne qui se serait consacrée uniquement à l'instruction; le Bureau a cru devoir porter la pension d'émérite à 600 livres pour ceux qui exerceront pendant vingt-cinq ans et à 800 livres pour ceux qui exerceront pendant trente ans. Ce plan paraît devoir diminuer le nombre des pensions, attendu que plus on reculera le terme auquel on les touchera et moins il y aura de personnes qui y atteindront et commes celles qui y parviendront seront d'un âge beaucoup plus avancé, leurs pensions seront paiées moins de temps. Pour fournir à cette augmentation le Bureau a arrêté que les pensions émérites de ceux qui continueront d'enseigner après vingt ans seraient placées en rentes perpétuelles; à ces rentes le Bureau compte ajouter les sommes qui proviendront de la vente d'un quart de réserve des bois qui ont environ cinquante ans et ne font plus actuellement que dépérir.

Le Bureau a tout lieu d'espérer qu'il trouvera les 400 livres dont il se charge vis-à-vis des quatre régents des classes inférieures dans l'augmentation à laquelle il compte porter la prébende préceptoriale, il a déjà fait des démarches pour cet objet et il doit présumer que le Chapitre se déterminera de lui-même et à l'amiable à donner une somme beaucoup plus considérable

(1) Qui a mérité un congé; qui a pris sa retraite et garde les honneurs attachés à son titre.

que celle de 125 livres à laquelle les revenus d'une prébende avaient été fixés en 1591 ».

Cette délibération fut homologuée par la Cour le 12 décembre 1783.

Nous avons vu au chapitre VII que, le 29 juillet 1591, l'évêque Arnaud Sorbin avait constitué au profit du collège les revenus d'une prébende et que ces revenus s'élevaient à 40 écus ou 120 livres.

Après leur retour, en 1607, les Jésuites cherchèrent noise au Chapitre, au sujet de l'évaluation du produit de cette prébende qui, dirent-ils, leur appartenait, mais qu'ils avaient laissée à titre d'accense au Chapitre par l'accord du 21 août 1591. Je n'ai pu découvrir qui avait pu arrêter leurs revendications jusqu'en l'année 1662. A cette époque, conseillés par M. Brodeau, avocat, ils soutiennent la même thèse et déclarent que, le revenu de la prébende s'élevant à plus de 500 livres, il n'est pas juste que le Chapitre profite toujours de l'augmentation et qu'eux-mêmes ne puissent percevoir les revenus. Lors de leur rétablissement, disent-ils, l'accord n'a pas été renouvelé, il s'est continué par pure reconduction et du consentement commun des parties, mais il doit cesser du moment où ces parties témoignent de part et d'autre une volonté contraire en s'avertissant trois mois avant l'année commencée.

Le Chapitre réplique aussitôt que les Jésuites n'avaient pas été pourvus d'une prébende en titre pour en disposer, mais des fruits d'une prébende; que le consentement du Chapitre porte en termes exprès *pro fructuum perceptione.* Le traité du 21 août 1591 ne peut donc l'obliger à délaisser les fruits de la prébende à perpétuité pour la somme de cent vingt livres ; il s'est réservé de pouvoir résilier toutes les fois qu'il le jugera à propos en avertissant trois mois avant l'année commencée. Du reste le contrat n'a pu avoir d'effet que jusqu'au temps où les Pères cessèrent leurs fonctions en France, et leur retour à Nevers s'est effectué en vertu d'un nouveau contrat comme si jamais ils n'y eussent été et ce qui s'était passé avant ne devait compter pour rien.

Les Jésuites continuèrent vainement leurs démarches. Le dimanche 2 septembre 1753, le Père Galpin, procureur du collège, écrivit au Chapitre, qui ne répondait jamais, qu'il allait être obligé de lui faire signifier une assignation. Peut-être y aurait-il eu procès si les Jésuites n'avaient été expulsés. Le Bureau d'administration du collège pensa qu'il était temps de démontrer que les revenus de 1783 étaient supérieurs à ceux de 1591 et qu'il fallait arriver à une solution au moment où les professeurs allaient recevoir une légitime augmentation de traitement. Il s'adressa donc au Chapitre qui délibéra le 19 avril 1784. Le résultat de la délibération ne répondant pas à la demande du Bureau, celui-ci soumit l'affaire à l'Hôtel de Ville qui, le 2 mai, donna ainsi son avis :

« Le Maire dit que l'Administration du Collège ayant voulu « obtenir à l'amiable de Messieurs du Chapitre, par la médiation « de Mgr l'Evêque, le payement des revenus entiers de la pré- « bende réunie au collège par actes des 29 juillet 1591, 21 août « suivant et 11 janvier 1607 et autres actes postérieurs, Messieurs « du Chapitre ont délibéré capitulairement le 19 avril dernier et « envoyé au Bureau d'Administration du Collège acte de ce que « *dès à présent ils cesseront de payer les cent vingt livres auxquelles* « *les revenus de la prébende ont été fixés, offrant néanmoins de* « *payer les revenus entiers de la prébende pour l'entretenement d'un* « *précepteur abécédaire*. L'Administration du Collège a délibéré « sur cet acte le 22 avril et toutes les pièces sont soumises au « bureau de la Ville.

« La matière mise en délibération, l'avis unanime a été que « l'union faite au collège de la prébende préceptoriale le 29 juillet « 1591 ne sembloit ne pouvoir plus être distraite du collège et « que le collège paroit avoir droit de demander les revenus « entiers de ladite prébende parce que le titre, ceux postérieurs, « la possession et la disposition des Ordonnances de Blois, « art. 24, et déclaration du roi de 1719, sembloient rendre ladite « union irrévocable. Que néanmoins le sentiment de la Ville est « que elle est fondée à demander l'application des fruits de la « prébende, prélèvement fait de la somme de 120 livres accordée « au collège par le concordat du 3 octobre 1762, à tout usage qui « pourra concourir à l'avantage des habitants de la Ville; elle « croit que, prélèvement fait de ladite somme de 120 livres, le « surplus, sous le bon plaisir de Mgr l'Evêque, Messieurs du « Chapitre appelés, doit être employée à une augmentation « d'honoraires d'un des professeurs de philosophie qui donnera « trois fois la semaine des leçons publiques, en langue française, « de mathématiques aux jours et heures qui seront indiqués par « le bureau d'administration du collège, sans que lesdites leçons « puissent nuire à celles que ledit professeur doit pour sa classe;

« les honoraires duquel professeur semblent à la Ville devoir « être augmentés de 600 livres particulièrement affectées sur « l'excédent de ladite prébende. Se réservant néanmoins la « Ville de demander, lorsque les revenus de ladite prébende « pourront le permettre, l'institution d'un professeur uniquement « destiné aux leçons de mathématiques.

« Signé : Lempereur de Bissy, maire ; Gondier, Pierre de « Champrobert, Berger, Vyau de la Garde, Quinquet, Marandat, « procureur du roy, Lhermite, Dard, Robert, Gaulier, Goussot, « Morin, Gounot, Pannecet et Guillaume, secrétaire-greffier ».

Evidemment l'idée de la Ville d'avoir un cours de mathématiques était excellente mais la question n'était pas là. Le collège voulait d'abord avoir le revenu entier de la prébende qui lui avait été accordée et ensuite profiter de l'augmentation à laquelle il avait droit pour supplémenter ses professeurs de 2e, 3e, 4e et 5e. Le Chapitre répond qu'il ne veut plus rien payer mais cependant qu'il emploiera tous les revenus de la prébende au traitement d'un précepteur abécédaire si le collège en nomme un. L'accord était donc difficile à établir.

Il y a lieu de penser que le Bureau du collège maintint ses prétentions car, le 28 août, le Principal demanda à assigner, devant le Présidial de Saint-Pierre-le-Moûtier, « les vénérables doyen, chanoines et Chapitre de Nevers pour ouïr dire qu'ils seront condamnés à payer, à compter de ce jour, les fruits et revenus de la préceptoriale en nature tels qu'ils en jouissent ou doivent en jouir les titulaires des autres prébendes ». L'évêque, président du Bureau et désireux d'amener le Chapitre à une entente, cherche à faire naître des moyens de conciliation (1). Le 18 novembre il présente au Bureau une délibération du Chapitre « annonçant clairement le dessein de transiger pour le revenu de « la prébende, mais entrant dans le détail des droits qu'il prétend « avoir à répéter contre le collège et qui sont étrangers à celui « de la prébende préceptoriale ». Après avoir mûrement étudié cette délibération, « le Bureau arrête qu'il se porteroit avec « plaisir à transiger pour le revenu de la prébende préceptoriale « et à faire justice sur les droits que le Chapitre pourroit avoir à « répéter quelque étrangers que puissent être ces objets à ladite

(1) C'était alors Pierre de Séguiran.

« prébende. — Signé : † P. évêque de Nevers, Chaillot de la « Chasseigne, Lempereur de Bissy, du Bois, Chambrun d'Uxeloup, « Miné et Boury, secrétaire ».

Les Commissaires nommés par le Chapitre et le Bureau s'entendirent assez vite et firent rédiger l'acte suivant (1) :

Lesquels Commissaires ont dit que les parties étaient au point d'en venir à un procès au sujet des revenus de la prébende préceptoriale affectée depuis près de deux cents ans au collège de cette ville, que même Messieurs du Chapitre avoient été assignés au présidial de Saint-Pierre-le-Moûtier pour se voir condamner à payer auxd. sieurs du collège les revenus entiers de la préceptoriale, que Messieurs les Administrateurs se croyoient fondés dans cette demande tant en vertu des ordonnances royaux qu'en vertu de l'affectation faite par Mgr Arnaud Sorbin, ci-devant Evêque de Nevers, du revenu de lad. prébende au collège de cette ville, du 20 juillet 1591, de l'abonnement fait le 20 août 1591 entre lesd. vénérable Chapitre d'une part et le recteur pour lors existant d'autre, et de la confirmation de lad. affectation par Mgr Eustache du Lys en 1607; qu'en consultant les termes dud. abonnement il paroissoit sans ambiguité que le Chapitre avoit abandonné au collège la somme de cent vingt livres en représentation de tout le revenu de la préceptoriale, puisqu'il se réservoit en cas de lésion la faculté de laisser le collège en toucher et prendre les fruits en nature, qu'en suivant les loix d'une juste réciprocité l'administration du collège croyoit aujourd'hui pouvoir demander les fruits en nature puisqu'il étoit lézé en ne recevant pour la valeur d'une prébende que la somme modique de cent vingt livres. A quoi il étoit répliqué par Messieurs les commissaires du vénérable Chapitre qu'à la vérité les ordonnances royaux affectoient les revenus entiers d'une prébende à l'éducation publique et à l'instruction de la jeunesse, mais que les loix ne déterminoient pas avec la même précision que les collèges jouiroient partout de ladite prébende, qu'elle pouvoit être appliquée, sans s'écarter des ordonnances, à des objets du même genre, tels que seroient de petites écoles où la jeunesse apprendroit la religion, à lire, écrire et chiffrer; que ces vues sembloient surtout admissibles dans les villes où les collèges sont suffisamment dottés; qu'à la vérité la préceptoriale avoit été affectée au collège par Mgr Arnaud Sorbin, que même le Chapitre avait accédé à cette affectation, mais qu'elle ne pouvoit être regardée comme irrévocable, l'affectation susdite ne paraissant pas avoir été suivie d'un décret d'union ni de lettres patentes sur icelui, qu'ainsi le Chapitre se croyoit en droit de proposer une affectation nouvelle dans des vues du bien public; que si par la transaction du 20 août 1591 le Chapitre étoit convenu avec le collège d'une somme de cent vingt livres même avec la faculté de

(1) Transaction passée le 16 décembre 1784 devant Boury et Lethuillier, notaires à Nevers.

reprendre ladite somme et d'abandonner au collège les fruits de la préceptoriale en nature, le droit de réciprocité dont voudroit se prévaloir l'Administration sembloit écarté par la valeur fixe donnée à la préceptoriale par les lettres patentes de 1763.

Sur quoi il auroit été répliqué par Messieurs les Administrateurs du Collège qu'une affectation consacrée par une possession de deux cents ans, quand même il n'eût pas été rendu de décret d'union, ce qui est incertain, paroissoit devoir être éternelle; que les lettres patentes de 1763 n'avoient donné qu'énonciativement à la préceptoriale la valeur fixe de cent vingt livres; qu'au surplus les facultés du collège étaient à peine suffisantes à ses besoins, surtout dans le cas où le nombre des professeurs émérites viendroit à augmenter, ce qu'il étoit facile de prévoir; et ce dernier motif ayant paru d'un grand poids à Messieurs les Commissaires du vénérable Chapitre, surtout dans un temps où l'enseignement public a besoin des plus grands encouragements et où le collège de Nevers jouit d'une réputation si bien méritée de talent et de lumière, ils auroient été disposés à prendre des mesures nouvelles en suivant l'esprit et la lettre de la transaction du 20 août 1591 de laquelle les parties n'entendent nullement se départir autrement que pour l'expression de la somme alors convenue; mais ils ont représenté que dans un moment où ils se portent ainsi d'eux-mêmes à donner satisfaction à l'administration du collège, ils désireroient obtenir justice d'elle sur plusieurs articles qui pourroient faire la matière d'une demande juridique si la bonne intelligence des parties n'en prévenoit le cours, que suivant des titres bien authentiques il est dû par le Collège au Chapitre. pour raison du droit de colombier dont jouit le domaine de Saint-Antoine, 10 sols de cens annuel et trois écus de cent dix sols tournois à la *mutation* de chaque évêque, qu'on avoit plusieurs fois cherché à s'ensendre sur la valeur de ces écus comparée avec le tems présent et que la circonstance sembloit bien naturelle pour se consilier sur cet objet; que le Collège doit encore aux Sept Prêtres du Chapitre une prestation annuelle de trente sols et une poule, et pour droit de mutation à la mort de chaque évêque la somme de trente livres sur un *pré situé aux Iles Darnay*, ainsi qu'il résulte d'une transaction du 10 novembre 1643; que de plus le collège tient *dans la même prairie un autre pré* de la contenance de 12 charretées de foin sous l'annuel et perpétuel bordlage de dix-huit livres quinze sols par an, suivant une reconnaissance passée devant Riffé, notaire, le 26 mai 1748; qu'enfin le collège leur doit une prestation annuelle de quatre boisseaux avoine payable au jour de Saint-Martin d'hiver pour raison du droit d'usage dont jouit son domaine de Saint-Eloy dans les bois de Sauvigni, conformément à la reconnaissance susdite; que le vœu du Chapitre seroit de mettre à profit la circonstance actuelle moins pour affermir de plus en plus ses droits que pour consolider l'union qu'il a si fort à cœur de conserver avec MM. les Administrateurs du Collège en ne laissant la matière d'aucune division entre eux.

Des sentiments si analogues à ceux de MM. les Administrateurs du Collège ont excité toute leur reconnaissance et néanmoins ils ont observé par devoir et par amour pour la justice, que l'appréciation des trois écus de cent dix sols tournois faite sur la valeur des monnoyes actuelles pourroit peut-être souffrir quelques difficultés parce que ces trois écus désignent une somme fixe et déterminée qu'il paroit difficile de changer; que, dans le fait, elle ne pourroit être changée aujourd'hui qu'avec danger d'un changement nouveau; qu'en considérant cependant qu'elle représente un droit susceptible d'augmentation à raison de la plus value des biens, il paroit juste de convenir d'une augmentation quelconque, sous la condition que la somme convenue servira de règle pour tous les tems à venir: il a été ajouté que de son côté le Collège espéroit que MM. du Chapitre ne feroient aucune difficulté de renouveler en sa faveur l'obligation où ils sont de lui payer annuellement quatorze boisseaux froment et quatorze boisseaux seigle pour l'abonnement de la *dixme de la Menue.* Tous lesquels objets ayant été approfondis et discutés, on est convenu des articles suivants :

ART. 1er

A commencer du 1er janvier prochain il sera payé par MM. du vénérable Chapitre au Collège de cette ville la somme annuelle de six cents livres au lieu de cent vingt qui se payoit ci-devant, conformément à la transaction du 20 août 1591, en représentation des fruits de la prébende préceptoriale.

ART. 2

Le Collège continuera de payer à MM. du vénérable Chapitre de cette ville dix sols de cens annuel pour le droit de Colombier dont il jouit au domaine de Saint-Antoine et les trois écus de cent dix sols tournois, ancienne monnoye qui sont dus pour ledit droit à la *mutation* de chaque seigneur évêque de Nevers, dont la fixation avoit ci-devant causé quelque difficulté, sont et demeurent évalués pour l'avenir, du consentement des parties, à douze livres par écu, de sorte qu'il sera dû par le Collège trente-six livres, monnoye courante, à la *mort* de chaque évêque pour raison dudit objet.

ART. 3

Payera encore ledit Collège aux Sept Prêtres ou quoique ce soit au vénérable Chapitre de cette ville, la prestation annuelle de trente sols et une poule et à la mutation de chaque évêque trente livres pour raison d'un pré situé aux Isles Darnay, suivant qu'il est porté en la transaction du 10 novembre 1643.

ART. 4

Plus il sera payé par ledit Collège auxd. sieurs du Chapitre la somme annuelle de dix-huit livres quinze sols pour raison d'un autre pré tenu en bourdelage desd. sieurs dans le même finage que dessus, ainsi qu'il est porté en la reconnaissance du 26 mai 1748.

Art. 5

Servira aussi le Collège la redevance annuelle de quatre boisseaux avoine payable au jour de Saint-Martin d'hiver pour raison du droit d'usage dont jouit son domaine de Saint-Eloy dans les usages de Sauvigny, conformément à la susdite reconnaissance du 26 may 1748.

Art. 6

L'abonnement précédemment fait entre le Chapitre et le Collège au sujet de la dixme de la Menue continuera de sortir son plein et entie[r] effet, et en conséquence le vénérable Chapitre continuera de paye[r] annuellement au Collège la quantité annuelle de quatorze boisseau[x] froment et quatorze boisseaux seigle, ainsi qu'il se pratique d'ancienneté

Il ressort de cette transaction que le Chapitre fut oblig[é] d'arriver à payer 600 livres au lieu de 120, c'est-à-dire 480 livre[s] de plus que par le passé. Il est vrai qu'il obtenait 36 livres au lie[u] de 15 pour les trois écus dus par le Collège à la mutation d[e] chaque évêque, mais il est à remarquer que la rédaction d[e] l'article 2 laissait la porte ouverte à des procès futurs en disan[t] que les trois écus étaient dus à *la mutation* de chaque évêque [e]t que les trente-six livres seraient dues à la *mort* de chaque évêqu[e]. Le Collège aurait pu certainement soulever des difficultés plu[s] tard si la Révolution française n'était venue changer la face de[s] choses (1).

Peu après, le 17 décembre 1784, les Administrateurs d[u] Collège, soucieux de mener à bien les résolutions qu'ils avaie[nt] prises, demandèrent la permission de disposer de la coupe d[u] quart de réserve de leurs bois « pour en employer le produit e[n] constitution de rentes permises par l'édit du mois d'août 174[.] afin de pourvoir aux pensions des professeurs émérites du collè[ge] qui se retirent après vingt ans d'exercice ». M. Gabriel Min[...] licencié en théologie, principal du collège, indique ainsi la situa[-] tion des bois :

« Bois de la Richolle, à deux lieues de la ville de Never[s] paroisse de Sauvigny-les-Chanoines ; *quart de réserve, 27 arpen[ts] 96 perches;* les trois quarts restant composent 78 arpen[ts] 60 perches, d'où au total 106 arpents 56 perches âgés de plus [...]

---

(1) Le 16 février 1791, le Principal ayant demandé au Chapitre le payement de la som[me] de 600 livres, le Directoire du District envoya la demande au Directoire du Département [...] ordonna de surseoir jusqu'à la présentation du compte du cydevant Chapitre de Nevers.

soixante ans, lesdits trois quarts divisés en trois coupes de six ans en six ans à l'âge de dix-huit ans. La réserve est peuplée d'une demi-futaie âgée de soixante-dix ans, excepté demi-arpent moins âgé. Essence : chênes, hêtres, ormes et quelques bois blancs ».

La permission demandée fut accordée le 25 août 1785 « à condition de réserver, par chaque arpent, 25 baliveaux essence de chêne autant que possible, et 2 modernes des plus sains, et à charge de retenir, sur l'adjudication à faire, un dixième qui sera employé au soulagement des pauvres communautés de filles religieuses ». La vente du 22 mai 1786 produisit 312 livres l'arpent. La dépense pour le martelage fait le 26 avril 1786 s'éleva à 38 livres 18 sols, savoir :

Pour nourriture de cinq chevaux..........	3l	15s
Donné au domaine des Tresnes pour avoir reçu les chevaux et logé les provisions..	3	09
Pour journée de 6 hommes...............	9	»
Donné au suisse de la cathédrale..........	6	»
Vin pour 6 hommes et 2 domestiques.....	3	16
Petit salé pour le déjeuner des ouvriers....	2	08
Longe de veau et bœuf à la mode pour dîner.	4	16
Vin pour MM. les officiers de la Maîtrise..	2	»
Pain..................................	2	10
Remis au garde qui était venu la veille....	1	04
Total.......	38	18

Le registre des ventes et adjudications n° 32 dit bien que la vente eut lieu le 22 mai 1786 et cependant j'ai relevé dans un procès-verbal d'adjudication du 2 août 1787 les renseignements suivants qui ne sont pas sans intérêt :

« Les administrateurs du collège de Nevers adjugent à Jean « Frebault, marchand de bois en la paroisse de Saint-Eloy, « moyennant 4.000 livres 12 sols 6 deniers, la coupe du bois de « la Richerolle de 26 arpents 32 perches, en la paroisse de Sau- « vigny-les-Chanoines. L'adjudicataire laissera tous les gros « arbres modernes et tous les baliveaux de la dernière coupe et, « en outre, 25 baliveaux par chaque arpent, nature de taillis et « essence de chêne autant que faire se pourra, lesquels baliveaux « seront marqués du marteau du collège avant la coupe. Il paiera

« le sol par livre entre les mains du Principal du Collège, ce qui « l'exemptera des frais de martelage et de récollement qui seront « à la charge du Collège. Le prix de l'adjudication sera payé au « Principal, savoir : 1/3 dans six mois, 1/3 dans un an et 1/3 « dans dix-huit mois, le tout à compter du jour de l'adjudication. « La vidange du bois devra être faite le 30 avril 1789. Et pour « caution Jean Frebault a présenté Jean-Jérôme Faure de Sallé, « avocat en parlement, demeurant à Nevers, et pour certificateur « de caution Louis Vallot, marchand en la paroisse de Montigny-« aux-Amognes ».

Jean-Jérôme Faure de Sallé fut également caution de Philippe Courot, marchand de bois à Nevers qui, le 17 août 1788, fut adjudicataire de la coupe du bois des Vesvres, paroisse de Sermoise, dépendant du domaine du Coudray. L'adjudication de ce bois, faite aux mêmes conditions que la précédente, fut tranchée au prix de 50 livres par arpent. Le payement devait être effectué six mois après et la vidange faite le 1er janvier 1790.

CHAPITRE XXII

Cabinet de physique. Principal et régents. Réparations aux domaines de Saint-Eloy et du Coudray, à la chapelle de la Vierge, etc. La Révolution. La ville est chargée de la régie du collège. Serment des professeurs. Constitution civile du clergé. Les professeurs refusent de s'incliner devant la loi. Leur remplacement provisoire. Pamphlet. Le domaine de l'Ermitage est affermé par l'ancien Principal, l'abbé Lemercier. Plan d'études. Les biens des ci-devant collèges deviennent biens nationaux. La dépense de ces établissements sera payée sur les fonds des Contributions directes. Vente des biens du collège. L'évêque Tollet, président du Conseil général, propose d'établir au collège un Institut National. Fouché requiert l'établissement de cet Institut dont les instituteurs sont aussitôt nommés. Bibliothèque. Les instituteurs sont logés au collège. Difficultés de la vie. Supplément accordé.

Le bureau du collège continue non seulement à s'occuper des professeurs, mais encore tout spécialement du cabinet de physique. J'ai relevé avec plaisir le mémoire suivant du 2 août 1786 :

1 plateau électrique du diamètre de 18 pouces.	17l » »
Emballage	3 » »
Le tout fourni par Trochon, opticien, quai de l'Horloge du Palais.	
Port	3 » »
Machine pneum	6 12s »
Étain laminé	4 14 »
Bocaux, bouteilles, verres, flacons	6 » »
Coussins	3 » »
Cordons de soie	3 12 »
Estampes	» 12 »
Tubes de verres	1 04 »
Plomb	» 18 »
Total	26l 12s »

Nous avons vu que l'abbé Nicolas Louis Villers devint professeur de physique après avoir été professeur de seconde. Il fut retraité le 31 juillet 1787 et remplacé par l'abbé Crétin.

Depuis 1785 le collège avait subi divers changements. Ce fut d'abord le professeur de philosophie, Jean Laviron, qui disparut; le principal Gabriel Miné le suivit en 1786 et la composition du collège se trouve alors être celle-ci :

Principal : Jean Louis Simon le Mercier, prêtre, docteur en théologie de la Faculté de Paris. Dans une lettre qu'il adressait à l'administration départementale, le 27 juin 1791, il dit : « Absolument étranger à « cette province, j'ai été appelé en 1786 pour rem- « plir la place de principal de votre collège... Je « me suis concerté avec l'Administration pour le « rendre plus florissant; le rétablissement d'un « pensionnat sous une règle sage et invariable ne « pouvait qu'être avantageuse à la jeunesse... J'ai « acheté de mon prédécesseur tous les meubles « du collège et les provisions nécessaires, j'ai « acheté de lui tous les fruits en terre soit à la « ville soit à la campagne, j'ai acheté de lui tous « les fruits recueillis, je lui ai payé toutes les « façons des terres et les semences jetées dans le « domaine de l'Ermitage qui m'a été accordé par « délibération de janvier 1787 à titre de ferme

« pour tout le temps que je serai principal ; la « quittance de mon prédécesseur est de 5378 li- « vres... »

Physique : Crétin, prêtre.
Logique : Pointeau, prêtre.
Rhétorique : Antoine Claude Bruandet, prêtre (1).
Seconde : Robinot, prêtre.
Troisième : Adrien Lallemand, prêtre.
Quatrième : Bonamy, prêtre.
Cinquième : Gudin, prêtre. Après son décès, il fut remplacé, le 11 septembre 1788, par Philibert Bouré, prêtre, né à Nevers le 2 novembre 1763.

Dès 1770, et probablement avant cette date, les livres de prix décernés aux élèves contenaient une feuille imprimée portant cette inscription :

Ex munificentia
Nobilissimæ Civitatis
Nivernensis
Quæ præmium posuit
in perpetuum
auditoribus
in collegio ejusdem civitatis
ingenuus adolescens
. . . .
palmare hoc volumen
in.... ejusdem collegï schola meritas
et consecutus est.
Die 6a mensis 7bre anno 1770.
In cujus rei fidem subscripsi, et sigillo
urbis munivi.
MINÉ, principal.

Les philosophes avaient repris les exercices publics. Le lundi 23 août 1773 les thèses sont soutenues par Gabriel Merle et Jacques de la Planche Saulet, de Nevers ; et Louis Bezille, nivernais. L'année suivante les exercices se font en hiver et en été.

Il y a trois combattants pour chaque exercice ; je relève, pour l'été, les noms d'André Joseph Clément et de Claude Decantes, de Nevers, et de Louis Robinot, de Decize.

Le lundi 3 avril et le jeudi 24 août 1786 les combattants sont

(1) Il était précédemment professeur de seconde.

Charles Marandat, de Varennes, Marie Guillaume Doin, de Nevers, et Pierre Antoine Bernet, nivernais.

La distribution des prix de 1787 se fait très solennellement. La tenture de la salle des prix coûte 24 livres et celle de la salle des discours coûte 12 livres. Le mémoire, payé le 16 février 1788, nous fait connaître qu'il y avait deux salles; il aurait bien dû nous conserver les discours.

Le lundi 7 avril 1788, les conclusions philosophiques sont soutenues par François Xavier Frossard, nivernais; Jacques Marie Mignon de Marigny, de Nevers; François Joseph Haly, de Nevers, et François Trochault, de Nevers. Le 9 octobre de la même année le Bureau d'Administration fait solder une somme de 962 livres 15 sols pour travaux aux domaines de Saint-Eloy et du Coudray, et, en décembre 1789, une somme de 156 livres 10 sols pour travaux faits dans l'église du collège « à la chapelle « de la Sainte Vierge, à la chapelle de Saint François Xavier, à « côté du maitre autel, à la tribune en entrant à droite, etc. »

Des travaux d'un autre genre sont accomplis par le notaire Boury qui était depuis longtemps secrétaire du Bureau d'Administration, mais qui, sans doute, ne se regardait pas comme archiviste. Dans un mémoire de 330 livres, revêtu de la quittance de ce notaire à la date du 20 janvier 1790, je relève en effet ces lignes instructives : « plus pour avoir mis en ordre tous les titres « du collège dans les archives et qui étaient confondus les uns « dans les autres, y avoir employé beaucoup de temps, 150 li- « vres. »

Pendant les mois de mars et d'août 1790 sept élèves prirent part aux joûtes oratoires : Leger Vanson, Pierre Chambrun-Maranget, Guillaume Dechamps et Louis Masson, tous de Nevers; François Ruez et Jacques Claintre, nivernais, et Louis Potier, de Château-Chinon.

Un mois avant la dernière fête, le 14 juillet 1790, avait eu lieu la cérémonie du serment civique en présence d'un grand concours de peuple. Le Maire, M. de Champs, lut la formule du serment telle qu'elle avait été décrétée par l'Assemblée Nationale et qui était ainsi conçue : « Nous jurons de rester à jamais « fidèles à la nation, à la loi et au Roi, de maintenir de tout notre « pouvoir la Constitution décrétée par l'Assemblée Nationale et « acceptée par le Roi, de protéger conformément aux lois, la « sureté des personnes et des propriétés, la libre circulation des « grains et des subsistances dans tout l'intérieur du royaume et

« la perception des contributions publiques, sous quelque forme « qu'elles existent; de demeurer unis à tous les Français par les « liens indissolubles de la Fraternité ». Chacun, en élevant la main droite, prononça individuellement les mots : je le jure. Clergé, magistrature, corps municipal, officiers et soldats, tout le monde ayant prêté ce serment, la cérémonie fut terminée par la prestation de serment des écoliers. M. Rigot, l'un d'eux, monta à la tribune pour exprimer, au nom de tous, le zèle et le patriotisme qui les animaient, l'intention où ils étaient de se montrer dignes des bienfaits que la Révolution leur assure et le désir dont ils brûlaient de protéger et de défendre à leur tour le maintien des lois, de la Constitution (1).

Peu après, le 4 septembre 1790, avait lieu la distribution des prix. Les gazettes du temps ne nous ont pas conservé les discours prononcés à cette occasion, mais j'ai pu me procurer le palmarès dans lequel les nivernais retrouveront des noms qu'ils connaissent encore :

RHÉTORIQUE

Amplification latine.....	1. Robert. — 2. Bron.
Amplification française..	1. Robert. — Guillemenot.
Vers latins............	1. Robert. — 2. Bouchard la Loge.
Version latine.........	1. Bron. — 2. Guillemenot.
Version grecque........	1. Gros. — 2. Guillemenot.
Mémoire..............	Robert des Chevanne, Bouchard la Loge, Gros
Gratification..........	Meaupoix.
Excellence............	Robert.

SECONDE

Thème................	1. Lutz. — 2. Paignon.
Vers latins............	1. Lutz. — 2. Ranque.
Version latine.........	1. Paignon. — 2. Mignaux.
Version grecque.......	1. Cafard-Delong. — 2. Boudoult.
Mémoire..............	Boudoult, Ranque, Nicault.
Excellence............	Lutz.

TROISIÈME

Thème................	1. Bonnet. — 2. Pannecet.
Vers latins............	1. Métairie. — 2. Poinet.
Version...............	1. Béguin. — 2. Vallois.
Mémoire..............	Ravisy.
Gratification..........	Tixier.
Excellence............	Pannecet, Béguin.

(1) Registre des délibérations de la Ville de 1786 à 1790

QUATRIÈME

hème	1. Moreau. — 2. Béga.
ers latins	1. Marest. — 2. Dufaud.
Version	1. Marest. — 2. Béga.
Mémoire	Jallot.
Excellence	Béga.

CINQUIÈME

Thème	1. Rodrigue. — 2. Wagnien. — 3. Arloing.
Version	1. Ardoing. — 2. Boutarel. — 3. Leblanc.
Mémoire	L'Hillemand.
Excellence	Wagnien, Arloing.

Dès le 12 juillet 1790 la Constitution civile du clergé avait été votée par l'Assemblée Nationale. Sanctionnée par le roi le 24 août suivant, elle devait être mise à exécution le 1er janvier 1791 (1). Nous savons tous qu'elle fut mal accueillie par un grand nombre de prêtres et que l'Assemblée Nationale ordonna, par la loi du 17 avril 1791, aux Directoires des départements de remplacer ceux des fonctionnaires, chargés de l'éducation publique, qui n'auraient pas prêté le serment voulu. Tous les professeurs du collège ayant refusé ce serment, le Directoire décida, le 18 mai, que des ecclésiastiques ou des laïcs pouvaient être appelés à ce remplacement et choisit provisoirement les professeurs suivants :

Principal : Le sieur Bourgeois, ci-devant vicaire de Saint-Etienne.

Physique : Goyre-la-Planche Jacques Léonard, moine bénédictin, vicaire de l'évêque constitutionnel Tollet.

Logique : Claudin, diacre.

Rhétorique : André Gallois, vicaire de la cathédrale. Nommé curé de Saint-Etienne le 2 octobre 1792, il fut remplacé, dans les premiers jours de novembre 1792, par le sieur Doin.

Seconde : Barillot, clerc tonsuré (2). Ordonné prêtre par l'évêque constitutionnel Tollet, il fut nommé curé

(1) Un décret du 27 novembre 1790, sanctionné par le roi le 26 décembre, porte que, à défaut de prêter le serment, les évêques et les curés seraient réputés avoir renoncé à leurs offices.

(2) Barillot Jean-Baptiste Allain, né à Voutenay (Yonne) en 1766, eût une existence mouvementée. A Arleuf, il devint adjoint au maire. Les églises ayant été fermées, il vint habi-

d'Arleuf le 21 mars 1792 et remplacé par le sieur Varinot Joseph, ancien bénédictin, qui s'enrôla, le 23 février 1793, dans le 4e bataillon de la Nièvre pour voler aux frontières à la défense de la Patrie. Le citoyen Piécourt, maître es-arts, lui succéda.

Troisième : Frebault, démissionna et fut remplacé le 7 février 1792, par le sieur Moreau, maître ès-arts.

Quatrième : Frossard, s'enrôla le 19 mars 1793 dans le même bataillon que Varinot.

Cinquième : Durand, prêtre. Nommé curé, il démissionna le 26 mars 1792 et fut remplacé par le sieur Bonnet.

L'installation de ces élus eût lieu le lundi 23 mai 1791, à la suite d'une messe solennelle célébrée par l'évêque constitutionnel en l'église Saint-Cyr. A l'offertoire les nouveaux professeurs prêtèrent le serment prescrit par les lois.

L'évêque constitutionnel Tollet, se souvenant que, avant d'être curé de Vandenesse, il avait été professeur au collège de Nevers, fit tout ce qu'il put pour la prospérité de notre collège, ce qui n'empêcha que, trois mois à peine après son élection, on fit paraître contre lui et ses amis quelques-unes de ces brochures dictées par l'esprit évangélique qu'on retrouve encore aujourd'hui et parmi lesquelles je me permets d'indiquer celles-ci :

PASSION
du Jésus
des vrais catholiques
crucifié
par les juifs schismatiques
du département
et de la municipalité
de Nevers
usant des pouvoirs et ordres à eux donnés
par l'assemblée prétendue et dite nationale
séant au Manège à Paris

---

ter Chateau-Chinon. Puis il alla à Paris et commença ses études de médecin. Au bout d'un an il fut envoyé dans un régiment comme aide-chirurgien. Licencié, il vient à Nevers. On le trouve à Arleuf en 1790 et il reste dans ce pays jusqu'en 1803, époque à laquelle il va à La Celle-sur-Nièvre. Son frère était notaire à Beaumont-la-Ferrière. Il fait alors de la médecine et devient très populaire. En 1829 il fut envoyé à Châteauneuf-val-de-Bargis où il dut mourir en 1844.

à Genève
l'an premier du schisme.

---

avec espérance d'hérésie.

12 mai 1791.

Dans ce pamphlet l'évêque Tollet est dit *Caïphe;* Goussot est *Judas;* Frédéric, ci-devant capucin, donne le soufflet à Jésus; Préfontaine, la Ramée, Bevier (anciens génovéfains), princes des prêtres, crachent au visage de Jésus; Sautereau, président de l'assemblée départementale, est *Pilate;* Rameau, vice-président, *Hérode;* Durand, Frossard et Frebault, jeunes lévites infidèles aux devoirs de l'honneur et de la religion, nourris, vêtus, entretenus par les évêques de Nevers, viennent d'être nommés régents provisoires du collège; la Planche et Bontemps, deux apostats, vicaires de Saint-Cyr; Gallois, Barillot, Naudin, dont les noms sont imprimés en abrégé, ainsi que Duguet, curé de Saint-Sauveur, ne sont pas mieux traités que les autres.

Grande Pénitencerie
de l'Eglise cathédrale de Nevers
sous l'invocation de Saint Cyr.

Confesseurs : Tollet, évêque constitutionnel pour les intrus et les ravisseurs; Préfontaine et la Ramée, pour les filles de joie; Bevier et Bontemps, pour les moines apostats et les hypocrites; Frédéric, pour les ivrognes; Goussot, pour les banqueroutiers; Duguet et le Blanc, pour les concubines; la Planche, pour les comédiens, les escrocs et les chevaliers d'industrie.

Ne dirait-on pas que nous vivons encore ce temps-là?

Peu après l'installation des nouveaux professeurs, les administrateurs du collège exposèrent aux administrateurs du District de Nevers que « le collège possède au lieu de l'Ermitage, près de Coulanges, un petit domaine, maison de maître, jardin, 30 œuvres de vigne et trois arpents de bois », que jusqu'au 24 juin 1791 ce domaine a été affermé pour le prix annuel de 600 francs, y compris le fond de bestiaux et harnais d'exploitation de 2.400 francs, que la maison de maître, le jardin, le bois et la vigne, formant la réserve, n'étaient pas affermés et servaient de lieu de promenade pour les professeurs, les pensionnaires et les écoliers du collège, et qu'on en portait le produit à la somme de cent francs au plus par an, que, tout considéré, il y aurait lieu de tout affermer.

Le District de Nevers donna un avis favorable et, le 30 juin, une adjudication fut faite « pour six ans venant à neuf à compter « du 24 présent mois, de la réserve et du domaine de l'Hermi- « tage, appartenant au collège, situés au lieu de l'Hermitage, près « Coulanges, paroisse de Saint-Etienne de cette ville, consistant « en maison de maître et de laboureur, grange, écurie, vigne « d'environ trente œuvres, terres labourables, jardin, verger, « prés et patureaux ». Il n'est pas question du bois dans l'adjudication.

Un des soumissionnaires fut l'ancien principal, l'abbé Jean-Louis-Simon le Mercier, qui offrit 850 livres. L'adjudication fut tranchée au profit du sieur Jean Dufond, demeurant à Coulanges, moyennant 900 livres, mais le sieur Dufond déclare aussitôt que « c'est pour et au nom du sieur Jean-Louis-Simon le Mercier, « prêtre, qu'il a fait lesdites mises et enchères », et ledit le Mercier accepte l'adjudication. Cet homme, absolument étranger à notre province, ce principal qui n'avait pas voulu prêter le Serment à la Constitution, ce prêtre qui devait détester les nouveaux prêtres du collège, ces *jureurs* comme on les appelait, n'a pas dédaigné de devenir fermier d'une propriété dont il connaissait bien la valeur, mais qui devait lui sembler maudite. Décidément, les farouches républicains qui dirigeaient les affaires la ville et du collège n'étaient pas si terribles que cela. Il est de même probable que si les prêtres qui avaient refusé le serment s'étaient tenus tranquilles, la France n'aurait pas vu de mauvais jours. Mais le Mercier luimême ne voulut pas se tenir tranquille et, le 3 septembre 1792, un passeport lui fut accordé pour se rendre, sur sa demande, à Genève en passant par Saint-Pierre, Moulins, La Palisse, Roanne, Tarare et Lyon (1)

La description du collège fut ainsi faite par l'administration du district de Nevers :

---

(1) D'après le registre conservé aux Archives de la Nièvre et destiné à l'inscription des passeports délivrés aux prêtres sortant du royaume, on peut constater que, dans le mois de septembre 1792, il y avait 32 prêtres qui, n'ayant pas prêté le serment prescrit par la loi du 26 décembre 1790, demandèrent des passeports pour Genève en passant par Saint-Pierre. Moulins, La Palisse, Roanne, Saint-Symphorien et Lyon afin de jouir de l'indemnité de trois livres par journée de dix lieues accordée jusqu'aux frontières par l'article 4 de la loi du 26 août 1792.

« Les bâtiments qu'occupe le collège lui appartiennent en « propre et consistent en une très belle église, petite cour à côté, « sept classes précédées d'une grande cour, une aile de bâtiment « qui sépare la cour d'avec le jardin, consistant au rez-de- « chaussée en deux grandes salles et une vinée, au premier « étage en appartements pour le principal et trois professeurs; « au deuxième étage, un dortoir pour les pensionnaires qui peu- « vent y être logés au nombre de 40; une autre aile de bâtiments « tenant à celle ci-dessus, cour devant, consistant au rez-de- « chaussée en un réfectoire, une cuisine et décharge; au premier « étage, en une salle d'étude pour les pensionnaires et deux loge- « ments de professeurs; au deuxième étage, en des logements « de professeurs, une infirmerie et deux chambres pour les « domestiques. »

Dans les premiers jours du mois de novembre 1792, les nouveaux professeurs : Doin, Varinot, Bonnet, Moreau et Frossard, firent ainsi connaître le *plan d'études* qui allait être suivi au collège :

« Avis aux citoyens.

« Citoyens,

« Aimants à croire que la seule cause de l'inaction dange- « reuse à laquelle la plupart des jeunes gens se livrent, est le « dégoût qu'ils ont reçu pour l'ancienne Méthode de s'instruire, « tes Professeurs du Collége, animés du désir de servir, autant « qu'il est en leur pouvoir la Patrie et vos intérêts, vous annon- « cent qu'ils vont mettre en exécution un nouveau plan d'éduca- « tion qu'ils ont jugé propre à seconder vos vues, en prévoyant « la réforme que vous désirez et dont l'accomplissement est ré- « servé à la sagesse et aux lumières de nos Législateurs, Trop « longtemps l'étude, bonne par elle-même, des langues d'Athènes « et de Rome a été regardée comme la seule et unique base de « l'Instruction publique. L'inégalité des talens et de la mesure « du génie que chacun de nous reçoit de la nature, réclamait « contre une coutume qui, n'ouvrant à tous pour parvenir qu'une « seule et même voie, s'interdisait par là au plus grand nombre.

« C'est pour obvier à cet abus si longtemps respecté que, « conservant néanmoins l'étude de la Langue latine, non plus « comme fondement essentiel de l'Instruction mais comme partie « intégrante de la masse de connaissances qu'il importe à chacun « d'acquérir, nous allons *ouvrir des cours d'Histoire, de Géogra-*

« *phie, de Grammaire française, d'Arithmétique, de Mathémati-*
« *ques, d'Ecriture et de Dessin.*

« Il est une branche d'éducation ancienne devenue aujour- « d'hui indispensable par l'influence que doit nécessairement « avoir le talent de la parole dans une République où les ora- « teurs traitent les sujets les plus importans à la félicité de cha- « cun et au bonheur de tous, *c'est la Rhétorique, aussi conserve-* « *t-elle son rang* parmi les connaissances utiles que nous nous « proposons d'enseigner, toutefois après avoir subi les élague- « mens que nécessite l'abrogation du privilège dont jouissait la « langue latine.

« Comme nous restons toujours attachés à nos classes respec- « tives, nous voyons avec joie s'élargir devant nous la carrière « du travail qui nous était d'abord ouverte; se rendre de plus en « plus utiles doit être l'unique ambition des âmes vraiment répu- « blicaines : c'est la nôtre; et nous avons la confiance que les « jeunes citoyens prévenus contre les abus de l'ancienne Méthode « pour avoir voulu s'y soumettre, embrasseront volontiers un « plan qui tend à les détruire, et nous dédommageront par leur « exactitude et leur patriotisme des fatigues inséparables de la « tâche que nous nous imposons.

« Les Professeurs du Collége de Nevers,
« MOREAU, DOIN, FROSSARD, VARINOT, BONNET. »

Le Conseil général de la commune de Nevers, dans sa séance du 13 novembre 1792, adopta provisoirement ce plan d'études qui fut approuvé, le 17 décembre suivant, par le Directoire du département.

La situation change complètement l'année suivante. La loi du 18 mars 1793 ayant déclaré *biens nationaux* les biens appartenant aux ci-devant collèges, la dépense de ces établissements dut être payée par les fonds des contributions directes. Déjà la loi du 14 septembre 1792 avait décidé que les baux des biens nationaux affermés à des émigrés ou à des prêtres déportés seraient comme nuls et résiliés. Or, le bien de l'Ermitage, appartenant au collège, venait d'être affermé au prêtre Le Merçier, ancien principal, « *Cet individu, ci-devant fonctionnaire public, faute de prestation de serment », avait quitté la France.* Le conseil du district de Nevers crut alors devoir provoquer une nouvelle adjudication, mais la loi du 18 mars ne pouvait être éludée et, le 5 novembre, l'inventaire du bien de l'Ermitage fut fait. Cet inventaire indique que, outre du linge, de vieilles culottes, des chaussures, des chaises et des tables, il y avait une chapelle dans laquelle on trouva 16 assiettes, 5 plats longs et 3 ronds, 1 autel garni de deux gradins, 1 croix et 4 chandeliers. Le 21 octobre 1793, le bien de l'Ermitage fut mis en adjudication. Il est ainsi spécifié : « Une « maison de maître, un jardin de 4 boisselées ou environ, un « verger de 4 boisselées et demie ou environ, une vigne de trente « œuvres, un parc d'un demi-arpent, près de la maison, planté « en charmes et peupliers et un petit bois de 4 arpents ou environ « âgé de trois ans. Près des dits objets et y attenant un domaine « qui peut ensemencer 60 quartelées de terre, moitié froment, « moitié seigle, 24 quartelées de patureaux, 2 pièces de pré dont « une de 12 charrois de foin portant revivre et une autre y atte- « nant portant 20 charrois ou environ..... » Les enchérisseurs furent les citoyens Leblanc-Neuilly, Bourgoing, Levacher du Souzel (Félix-Homère-Gratien). C'est en faveur de ce dernier, maître de forges à Breteuil, canton de Verneuil, département de l'Eure, que l'adjudication fut tranchée moyennant 50.000 livres.

Le même jour, les biens suivants furent adjugés, savoir :

« 1° Le *bien de St Antoine* (1) consistant en une grande cour, « maison servant d'auberge, grande écurie autrefois chapelle « St Antoine, deux petits jardins ensemble d'une boisselée et « demie, un petit domaine y attenant consistant en maison de « laboureur, grange, étable, jardin, chenevière de 2 boisselées et « demie, ensemençant annuellement 40 quartelées de terre, « 9 quartelées en patureaux, 24 charrois de foin ou environ », eut pour enchérisseurs les citoyens Caffary et Leblanc-Neuilly. Le premier resta adjudicataire moyennant 32.000 livres.

2° « Le domaine du Coudray (2), commune de Sermoise, consis- « tant en maison de laboureur, deux granges, deux étables, ber- « gerie, toits, jardin et chenevière de 4 boisselées, ensemençant « annuellement 59 quartelées de terre; trois patureaux ensemble « de 10 quartelées, trois prés de la contenance de 20 charrois de « foin et un bois situé commune de Gimouille de 8 arpents âgé « de 4 ans. »

Les enchérisseurs furent les citoyens Leblanc-Neuilly, Mon-

(1) Affermé 1.139 livres au citoyen Monmelat.
(2) Affermé 1.250 livres au citoyen Bidaut.

melat, Glaise (directeur de la verrerie de Fours), Bourdiaux et Levacher du Souzel.

Ce dernier fut déclaré adjudicataire au prix de 40.300 livres.

3° Le petit bien situé en la commune de *Garchizy;* « dont est « fermier l'Hopital général et situé près d'un bien dépendant du « dit hôpital. »

L'affiche n'étant pas suffisamment explicite, la vente est renvoyée à une date ultérieure. Ce n'est que le 22 vendémiaire an IV (13 octobre 1795) que la closerie de Garchizy fut adjugée à Jean-Marie Balandreau, propriétaire à Nevers, moyennant 3.500 livres) (200.500 livres en assignats).

4° *La Vigne des Perrières.* Sur l'observation du procureur-syndic que cette vigne avait été donnée par bail emphytéotique pour 99 ans au citoyen Mirloret, en 1790 l'adjudication fut ajournée. Elle eut lieu seulement le 13 messidor an II (2 juin 1794) au profit de Jean Mirloret, aubergiste à Nevers, moyennant 6.000 livres.

Un mois plus tard, le 1 frimaire an II (21 novembre 1793), eut lieu l'adjudication du *domaine de Saint-Eloy,* « dont jouissent « Edme Chalumeau, laboureur, et Anne Mouniquet, sa femme, « par bail du 11 avril 1780 ». Les citoyens Pannecet, Chouet, Gestat. Vacheron poussèrent vivement les enchères. Ce fut Jean-Baptiste Gestat qui resta adjudicataire moyennant 22.600 livres. Jusqu'au 2 frimaire an VI (22 novembre 1797) l'adjudicataire avait payé régulièrement, mais, à cette date, il fut mis en demeure d'acquitter une somme de 2.351 fr. 68. Des poursuites eurent lieu et l'affaire n'était pas encore terminée le 16 floréal an VII (5 mai 1799).

Le collège possédait à Nevers divers immeubles qui furent mis en adjudication les 28 floréal et 4 prairial an 11 (16 mai et 2 juin 1794).

Ces immeubles, qui m'étaient à peu près inconnus, sont ainsi désignés :

1° Une maison, sise rue des Francs-Bourgeois et occupée par le citoyen Desriaux, joignant du levant la porte principale du collège, du midi ladite rue, du couchant la maison occupée par la citoyenne Jullien et du septentrion la ci-devant église du collége. Cette maison, qui consistait en une chambre basse servant de boutique, un petit cellier sous l'escalier, une petite cour par derrière, une chambre haute avec cabinet et un grenier au-dessus, fut adjugée pour 2.025 livres à la citoyenne Pilet.

2° Une maison, rue des Francs-Bourgeois, occupée par le citoyen Rome, cordonnier, est mise en adjudication avec la condition de murer la porte de la chambre haute qui communique dans le corridor y attenant; elle fut adjugée au citoyen Vincent moyennant 6.100 livres;

3° Une maison sise rue *la Porte le Pelletier* (?), occupée par le citoyen Jullien, adjugée, le 14 prairial an II (2 juin 1794), à Ignace Rome, cordonnier, moyennant 5.675 livres;

4° Une maison, sise rue des Francs-Bourgeois, adjugée à Hugues-Antoine Gallois le jeune, perruquier, moyennant 6.100 livres;

5° Une maison, sise rue des Francs-Bourgeois, adjugée moyennant 6.400 livres au citoyen Sidoine Médard (1), serrurier;

6° Le 12 vendémiaire an VIII (4 octobre 1799), un hangar servant de magasin, adossé à la ci-devant église Saint-Pierre et joignant d'une part le bâtiment des classes, fut adjugé, moyen- 3.500 francs, aux frères Guyon Denis, officier de santé à Nevers, et Guyon Jean-Baptiste le jeune, « à la charge par les acquéreurs « de fermer soit avec un pan de bois soit avec un mur la partie « du grenier qui se trouve au-dessus dudit hangar; de laisser « subsister, dans ledit grenier, un passage d'un mètre de largeur « pour arriver à la Tribune, de fermer par un pan de bois cet « espace et de disposer trois marches de l'escalier en pierre qui « communique à la Tribune de manière que l'arrivée se trouve « le long du mur de la ci-devant église et en face dudit passage; « de boucher en maçonnerie la partie qui communique à ladite « église au rez-de-chaussée; contenant ledit hangar 22 mètres « superficiels, ayant son issue du côté de la rue de l'Eguillerie, « tenant du levant à la ci-devant église, du couchant à la rue de « l'Eguillerie, et du septentrion aux bâtiments des classes. »

(1) Il écrivit plus tard au Préfet pour lui exposer qu'après avoir payé 3.000 livres, l'administration départementale le déposséda le 5 floréal an III (24 avril 1795) sous le prétexte qu'une chambre haute comprise dans l'adjudication était indépendante du collège. La Régie des Domaines afferma alors la maison à divers particuliers et en toucha les revenus sans rendre le prix de l'acquisition. Puis, par un arrêté du 16 messidor an IV (4 juillet 1796), l'administration réintégra l'acquéreur dans sa propriété dont il avait été privé pendant 14 mois et 11 jours, indépendamment de l'obligation où il fut d'attendre, pour y rentrer, l'expiration du dernier bail de la Régie. Pour tout dédommagement, l'administration lui a fait toucher 5 fr. 71 comme représentant le loyer de deux années et plus et, lorsqu'il voulut solder le reste de son prix d'adjudication, le Receveur lui réclama non seulement les intérêts du capital, mais encore les intérêts des intérêts. A la suite de cet exposé, le Préfet demanda des explications au Receveur qui, en quatre pages d'arithmétique, démontra que les intérêts qu'il réclamait étaient justement dûs, et que l'adjudicataire, ayant reçu 5 fr. 71, avait été suffisamment désintéressé.

En résumé, toutes ces ventes produisirent 184.110 livres savoir :

L'Ermitage.............	50.000l »
Saint-Antoine...........	32.000 »
Le Coudray.............	40.300 »
Garchizy................	3.500 »
La Perrière.............	6.000 »
Saint-Eloy..............	22.600 »
1 maison à Nevers.......	2.025 »
1 id.	6.100 »
1 id.	5.615 »
1 id. ,......	6.100 »
1 id.	6.400 »
1 hangar................	3.500 »
Total.........	184.140l »

Revenons sur nos pas (1). Le 26 mai 1793 le Directoire du département, avisé du passage à Nevers, des gendarmes du département qui doivent se rendre en Vendée, arrêta « que « lesdits gendarmes seront placés dans le bâtiment du collège « où le Commissaire des guerres fera transporter tous les effets « nécessaires au coucher desdits gendarmes, qui proviennent « des émigrés et des maisons religieuses, et que leurs chevaux « seront placés dans les écuries nouvellement faites, tant dans « l'église des ci-devant Minimes que dans le Manége. »

Notre collège se trouvait alors, à tous les points de vue, dans un triste état. Le 25 juillet le Conseil général décida d'accorder au sieur Pannier deux chambres, dans le local du collège, pour qu'il y donne gratuitement des leçons de dessin. Puis, le 6 août suivant, le représentant du peuple, Fouché, ayant été introduit, Guillaume Tollet, évêque constitutionnel et président de l'assemblée « fait lecture d'un mémoire sur l'éducation nationale tendant

(1) En vertu de la loi du 10 septembre 1792 les Commissaires nommés par le Conseil général de la commune de Nevers, les citoyens Groslard et Fouquot, se rendirent dans diverses églises et au collège où étant arrivés ils trouvèrent : « Au collège le citoyen Gié, assisté du « citoyen Riffé, avoué, auxquels nous avons fait part de notre mission et sommés de repré- « senter les effets d'or et d'argent dépendant desdites églises, lesquels nous ont représenté : « 1° deux chandeliers; 2° deux autres petits chandeliers; 3° une petite croix sans pied; « 4° une autre croix processionnelle sans bâton; 5° deux burettes et leur bassin, le tout « d'argent. »

« à inviter, au nom de l'administration, le citoyen Fouché à éta-« blir au collége de Nevers un Institut national public et provi-« soire, composé d'un nombre suffisant d'Instituteurs dont le « patriotisme et les talents seront connus, lesquels seront tenus « de donner pendant six jours de chaque semaine, et à des « heures convenables, en différentes classes des leçons de « morale et politique établies sur les Droits de l'homme et du « citoyen et sur la Constitution décrétés par la Convention natio-« nale, de mathématiques, de géographie, d'histoire, de dessin, « d'écriture et d'arithmétique, ils enseigneront aussi les langues « française, grecque et latine et à lire, en sorte que cette éduca-« tion puisse être utile et commune à tous les citoyens. »

Le procès-verbal de la séance se termine ainsi : « Ensuite le « citoyen Damours, président du Tribunal du district et de la « Société populaire de Nevers, a parlé sur cette matière laquelle « ayant été discutée, le citoyen Représentant du peuple a requis « l'établissement de l'Institut national proposé.

« Et sur ce, ouî le citoyen Brotier remplaçant du procureur « général syndic,

« Le Conseil du département de la Nièvre,

« Considérant que depuis un certain temps l'éducation publi-« que a été négligée et qu'il est du devoir de l'administration « d'établir des instituteurs qui entreront au plus tôt dans l'exer-« cice de leurs fonctions,

« Arrête qu'il y aura huit instituteurs, savoir : Un pour le « droit, la morale et la politique, un pour les mathématiques, « un pour l'histoire et la géographie, un pour les belles lettres, « un pour la logique et langue française, un pour les langues « grecque et latine, un pour le dessin, un pour l'écriture et « l'arithmétique.

« Arrête qu'il n'y aura des congés que les jours de dimanche « et que les vacances seront de quinze jours à l'époque des ven-« danges.

« Arrête qu'il y aura chaque année deux distributions de « prix, la première distribution se fera le 21 janvier et la seconde « le 10 août. Ces prix seront des couronnes données par les pré-« sidents du département et du district et par le maire. Les « enfants couronnés seront conduits au son de la musique à la « municipalité où leurs noms seront consignés au procès-verbal.

« Charge le substitut du procureur général syndic de l'exé-« cution du présent décret. »

Le lendemain, 7 août, le Représentant du peuple Fouché présente la liste des nouveaux instituteurs et nomme le « citoyen « *Socrate Damours* pour la morale et la politique au traitement « annuel de 2.000 livres ; le citoyen *Pittet* pour les mathéma- « tiques, au traitement de 1.800 livres ; le citoyen *Moreau* pour « l'histoire et la géographie, au traitement de 1.800 livres ; le « citoyen *Varinot* pour les belles lettres, au traitement de 1.800 « livres ; le citoyen *Piécourt* pour la logique et la langue fran- « çaise, au traitement de 1.800 livres ; le citoyen *Bonnet* pour les « langues grecque et latine, au traitement de 1.800 livres ; le « citoyen *Pannier* pour le dessin, au traitement de 1.800 livres ; « le citoyen *Frelat* pour l'écriture et l'arithmétique, au traitement « de 1,800 livres.

« Le citoyen Représentant du peuple observe qu'il a fixé les « traitements des professeurs à 1.800 livres eu égard à la cherté « excessive des vivres et des denrées de première nécessité et « que ce traitement sera réduit et fixé à 1.500 livres lorsque les « denrées seront revenues à leur prix ordinaire.

« Il fixe ensuite l'ordre et les heures des exercices de la « manière suivante, savoir :

« La classe de rhétorique et politique depuis 3 heures « jusqu'à 5.

« La classe de mathématique depuis 10 heures jusqu'à midi.

« La classe d'histoire et de géographie depuis 1 heure « jusqu'à 3.

« La classe des belles lettres depuis 10 heures jusqu'à midi.

« La classe de logique et langue française depuis 8 heures « jusqu'à 10.

« La classe des langues grecque et latine depuis 8 heures « jusqu'à 10.

« La classe de dessin depuis 1 heure jusqu'à 3.

« La classe d'écriture et d'arithmétique depuis 8 heures « jusqu'à 10.

« Les maîtres de langue française et latine et d'écriture seront « aussi tenus d'apprendre à lire.

« Ils auront tous un logement au Collége qui s'appellera « l'*Institut national.* »

Fouché propose alors d'établir une bibliothèque publique qui serait composée des bibliothèques des émigrés et des ci-devant communautés ecclésiastiques et placée dans une des alles de l'Institut. Sans plus attendre il nomme comme bibliothécaire le citoyen Moreau, instituteur pour l'histoire et la géographie, mais sans supplément de traitement [1]. Il demande de faire exécuter au plus tôt les réparations nécessaires dans les logements des instituteurs et que ces instituteurs jouissent des jardins, bancs, cours et autres aisances et que « leur traitement « soit payé le premier de chaque mois non d'avance par tout « payeur ou receveur national sur quelque caisse que ce puisse « être ; qu'il sera établi un portier chargé de nettoyer les classes « et tous les lieux qui ne seront pas habités par les instituteurs, « qu'il sera tenu de balayer la rue vis à vis des parties de la « maison qui ne seront pas louées le tout moyennant le logement « gratuit et le traitement annuel qui sera fixé par le Représentant « du peuple. »

Le Conseil donna son approbation entière à ces propositions et décida de plus qu'il serait établi quatre écoles primaires pour les filles.

Le 19 août, toutes les autorités étant réunies « dans le lieu où « la Société républicaine tient ordinairement ses séances, les « Professeurs sont montés successivement à la Tribune et y ont « développé les sentiments patriotiques qui les ont toujours « animés et les nouveaux principes qu'ils allaient enseigner pour « faire chérir des jeunes citoyens la liberté et l'égalité qu'ils ont « tous juré de maintenir. A la fin de leurs discours, ils ont « prêté, au milieu des applaudissements réitérés, le serment de « remplir leurs fonctions avec zèle et exactitude et de maintenir « la République une et indivisible. »

Dix jours plus tard, les instituteurs ayant choisi le citoyen Boussard pour portier et le citoyen Pinot pour garçon de salles, Fouché confirme lesdits Boussard et Pinot dans leurs fonctions et attribue à chacun un traitement de cinq cents livres en outre du logement [2].

Rien n'était prêt au collège où Fouché fait accorder un logement, le 20 septembre, à l'ancien curé de Varennes, Hullin, âgé et infirme, et où, sur le réquisitoire du même Fouché, diverses

(1) Ce n'est qu'en 1796 que cette excellente idée fut réalisée. Le 19 messidor an IV (7 juillet 1796) le citoyen Villars fut nommé bibliothécaire de la bibliothèque publique du département de la Nièvre, installée dans la maison conventuelle de la rue Saint-Martin.

(2) Boussard fut nommé provisoirement portier de l'Ecole centrale le 7 fructidor an IV (24 août 1796).

réparations furent faites (1). Les mémoires de ces réparations, visés par les membres du district le 9 floréal an II (28 avril 1794), sont fort curieux à suivre et montrent que les chambres des professeurs étaient dans l'état le plus lamentable, que « les murs servant de terrasse devant les classes à gauche » étaient démolis et que leur réfection coûta 204 livres. Le vitrier-peintre toucha 388 livres; le couvreur, 114 livres 15 sols 8 deniers, etc.

L'Institut national fut essentiellement provisoire. Une affiche, du 13 floréal an III (2 mai 1795) annonça aux citoyens de Nevers que les *Ecoles primaires de la Cité* étaient ouvertes, que les huit instituteurs étaient logés au ci-devant collège et y donneraient leurs leçons, que les huit institutrices étaient logées dans la *maison Rémigny* et y donneraient leurs leçons. Le texte complet de cette affiche se trouvera au chapitre spécial des Ecoles de Nevers. Les huit instituteurs se nommaient Frelat, Sadet, Belin, Fougère, Dardy, Bontems, Piécourt et Robert.

Les temps étaient durs alors pour les fonctionnaires ; aussi, par les lois et règlements des 4 pluviôse an III (23 janvier 1795), 28 fructidor (23 septembre) et brumaire (octobre) fut-il décidé qu'outre leur traitement ils auraient :

1° Une indemnité égale aux sept dixièmes de leur traitement, pour ceux qui toucheraient au plus 150 livres par mois ;

2° Une somme égale à la valeur d'une livre et demie de pain par jour, réglée sur le prix courant dans l'arrondissement de chaque district (2).

Un nouveau changement se préparait et l'Institut national sera bientôt remplacé par l'Ecole centrale.

VICTOR GUENEAU.

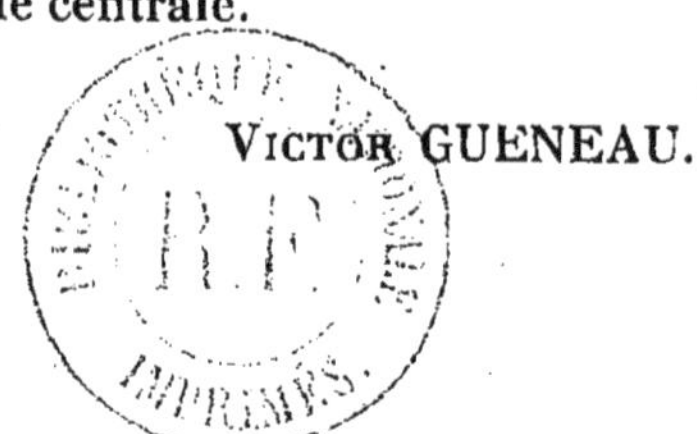

(1) D'après M. Duminy (voir le *Journal de la Nièvre* du 24 avril 1906), une partie du collège aurait été louée à des gens de toutes sortes qui ne payèrent pas leur loyer et se permirent d'enlever les meubles; une société de jeunes gens s'y serait installée pour donner des représentations dramatiques.

(2) A Nevers, la valeur de la livre de pain fut fixée : en vendémiaire, à 9 livres; en brumaire, à 13 livres sols, et, en frimaire, à 20 livres.

Corrections

page 6, ligne 19 : 1813, lire : 1613.

page 38, ligne 11 : Moreni, lire : Moreri

page 39, dernière ligne : 1882, lire : 1682.

page 63, ligne 24 : nouveaux maîtres, lire : mauvais maîtres,

page 71, note, dernière ligne : pisserie, lire : tapisserie.

page 83, note : effacer p. 293.

www.ingramcontent.com/pod-product-compliance
Ingram Content Group UK Ltd.
Pitfield, Milton Keynes, MK11 3LW, UK
UKHW022106190726
13855UKWH00002B/687